イスラーム用語の新研究

水谷 周 著

国書刊行会

はじめに

イスラームと日本の付き合いは、ようやく一〇〇年を越えた。その間、例えば「予言者」は「預言者」と書き改められた。前者は予告をするのが役目とすれば、後者は神から啓示を預かることが使命なので、両者は全く異質なものである。そうすると、予言者とした人は原語の「ナビー」という用語の誤訳をしたというよりは、そもそも大きな誤解を犯していたのかも知れない。言葉は慎重に選ばれる権利を有しているとも表現できるだろう。

異文化を語るときには、これと同類の問題は常に存在してきたし、これからも常にはびこる問題である。だからこそ「異文化」なのだ。ただしそれは、常に注意深く精査して、整理整頓する必要がある。これも一般的には、誰しもがうなずける課題であろう。

そこで本書はまだまだ新しい宗教であるイスラームの、基本的な用語に関する精査と様々な提案を目的としてまとめたものである。その中には新たな用語である「静穏」といった場合には、その広範な意味合いを確定することが課題となる。あるいはしきりに使用される「聖」という用語については、それはイスラームでは受け入れられないものであることを明らかにすることが課題となる。こうして具体的な課題はその用語によって異なっている。

ただしアッラーは怒りの神ではないことや、イスラームの二大価値は慈悲と正義であることなど、全体としてイスラームのイメージも更新されることが期待される。その際、「預言者」を導入する時にも直ちには理解が得られなかったように、本書で取り組む課題とその結論についてもすぐに全面的な賛同を得るとは限らず、関係者の賛否両論があるかも知れない。しかしそのような議論の喚起自体も本書の想定内の事態であり、したがって広義の目的に入るものである。

時代は新型コロナ感染症に揺れ動いてきた。しかしその中でも足元を見つめ直すような地味な尽力が、日本におけるイスラームの、そしてまだ耳目に新しい文化の正しい姿への接近に資することがあればと願っている。

イスラーム用語の新研究

目次

第一章 「アッラー」について

イスラーム全体の中軸は、アッラーを崇拝し、敬愛し、帰依することにあるのは、周知である。まず本章では、そのようなアッラーを巡る多様な側面を手短に一望しておくことにしよう。中でもアッラーは、恐怖の神のように説かれているのではない点も明らかにしたい。そしてアッラーが絶対の主であるということは、他の追随や並置されるものを許すことはないので、それは単一であることと同義にもなる。しかしそのような単一性の探求などの詳細は、後の章に譲ることとする。

イスラーム関係の用語の検討として、やはり筆頭に取り上げなければならないのは、「アッラー」そのものであろう。

一、アッラーへのアプローチ

アッラーはムスリムにとっては、優しくも厳しいお方であり、それは真善美のあらゆる価値を包含し、全存在物と人間の究極の帰り所である。用語としての検討に入る前に、このようなアッラーの中心性を、まず改めて明確に意識して確認しておきたい。

永遠の主であるアッラーにすべてが依拠している事実を明澄に認識して、日々の言動をその確信に基《もと》づかせることから、イスラームの日々が始まる。このアッラーこそ、有形無形のすべての事物の根拠であり原因であり、それらすべての成り行きを決めて実施され、監視されているのである。人間にとって最終的な裁きとなる最後の日の審判も、その重要な一幕である。

こういう状態の表現としては、アッラーを愛すると言われる。ここで愛するとは、アッラーを意識し、敬《うやま》い、そして従うといった三側面を含む。そこでアッラーは、宇宙の総指揮者とも言い換えることができる。アッラーの偉大さの前では人は謙譲の美徳を知り、その広大な慈悲に触れてそれが自らの周囲にも行き渡ることを願うのである。それが人の情けである。また他に同類も存在せず、アッラーと並べられるような存在はそもそも全くありえない。こうしてアッラーの単一性と、その逸脱であり違反行為である並置論が起ることとなった。

このように異なる価値体系の世界に頭を切り替えられるかどうかという課題であるが、同種の問題はあらゆる異文化理解に随伴するものである。どのように土台が異なっていても、あるいは風土や環境が違っていても、全体をブロックで積み上げるように丁寧に整理し直して、アプローチすることとなる。それは具体的には、一言一言の言葉に全身の注意を集中することから始めなければならないということである。

二、「アッラー」の二つの用法

「アッラー」という時に、その用語には二つの用法が重なっているということを取り上げたい。普通にはそれはイスラームにおける創造主を指すことは間違いない。それは、「アッラーフ・アクバル（アッラーは偉大である）」や、「ビスミッラー（アッラーの御名において）」といったような、日常的な成句に出てくるので、比較的広く知られているだろう。

もう一つの用法、あるいは意味合いは、それがいわゆるアッラーの美称の一つであるということである。イスラームの絶対主であるアッラーはあまりに膨大であり、把握が容易でないところから、一人の人間がそのお姿を垣間見るための小窓のようなものが美称である。仏教でいうと、夕日を見て仏を知るという日想観など、仏を感知する様々な契機が教えられるのに酷似している。

イスラームの美称は永遠者や始原者といったアッラーの本質であるとか、全知者、全能者や慈愛者などの属性を指し示す名称など多様である。そして九九の筆頭である第一のものが「アッラー」の名前そのものになっているのである。

これは最も偉大な美称とされているが、語根と言われる三文字（アリフ、ラーム、ハー）から派生するアッラーの用語としては、五つの形（イラーフ一一一回、イラーハイン二回、アーリハトゥン三四回、アッラー九八二回、アッラーフンマ五回）を取って、クルアーンには一一三四回出てくる。そしてそれら以外のすべての美称も含めてのアッラーを示す言葉の登場回数は、二六〇〇回あまりに上るとされる。要するにクルアーンには「アッラー」は、至る所に登場するのである。ただしこれは、事の当然でもあろう。

この最大にして最高の名称自体から、直ちに二つの事実が浮かび上がってくる。

第一にそれは、残る九八の美称とは異なって、ただ唯一これだけが、主自ら（ザート）を指し示しているということである。従って、主以外にこの名称で呼ばれるものは、人であれ何であれ、一切ないということである。他の美称は、人名にもよく使用されている。例えば、ハリール（親友）やハミード（慈しみ深い者）など、多数ある。

第二には、第一の事実と表裏で一体の関係だが、この名称は他の美称すべてを包摂しているということである。その意味では、この美称はすべての属性も同時に指し示していると言うべきである。

クルアーンに次のようにある。

「**アッラー**に最も素晴らしい美称は属します。だからこれらで、**かれ**を呼びなさい。そして**かれ**の美称を冒涜する人たちは放っておきなさい。彼らは、自分の行ってきたことに報いられるのです。」（高壁章七：一八〇）[1]

また別の観点だが、アッラーは崇拝の対象である絶対唯一の主である（ウルーヒーヤ）、という側面、並びに、それは人が僕として仕える主である（ルブービーヤ）という側面があるが、この「アッラー」という美称は、それらの両者を含んでいるものである。

以上のようにこの美称が最大のものであることは議論の余地がなく、古来学者たちの見解も完璧に一致している。

三、美称の全体像

美称は唱念し心で玩味《がんみ》することで、アッラーの偉大さや素晴らしさを感得するという感覚的な手法である。それぞれを解説すると、アラビア語では大部の二巻本になるくらいの分量になるので、ここではその要点に言及するに留めざるを得ない。[2]

ところですべての美称は本質を臨むために設けられた小窓のようなものであり、意識を俊敏にしてアッラーの威光を眼前にしようとするときに、その前に視野が開かれることとなるのである。クルアーンに言う。

「言いなさい。**アッラー**を呼びなさい。または慈悲深いお方を呼びなさい。なんと**かれ**を呼んでも、最善の美称はすべてかれに属します。」(夜の旅章一七:一一〇)

「**アッラー、かれ**の他に神はいません。**かれ**にこそ最上の美称はあるのです。」(ター・ハー章二〇:八)

九九の根拠は、真正なものとして伝えられる預言者伝承にある。

「アッラーには、九九の名称があり、それらを数えた者は天国に入ることとなる。」

この伝承はアルブハーリー(八七〇年没)及びムスリム(八七五年没)の真正伝承集に伝えられている。そして実際に九九の名称をすべて整えて提示したのは、中央アジアの伝承学者アルティルミズィー(八九二年没)であった。[3]

その美称は、内容的に主として八種類に分類される。そのうち①〜⑥は、クルアーンに直接出てくる美称である。⑦、⑧は、クルアーンから派生したものである。

①本質関連：神聖者、真理者、永生者、自存者、唯一者、永遠者、始原者、最終者、富裕者

②創造：造形者、生成者、創造者、独創者

③慈愛：慈悲あまねき者、慈悲深き者、平安者、信仰を与える者、赦す者、恩寵者、糧を与える者、纖細者、優しき者、恕免者、感謝者、広大無限者、愛情者、美徳者、免ずる者、寛恕者、慈愛者

④荘厳：比類なき強者、制圧者、偉大者、征服者、無限大者、至高者、至大者、寛大者、荘厳者、強力者、強固者、被称賛者、顕現者、超越者、尊厳と恩寵の主

⑤全知：保護者、全知者、全聴者、全視者、知悉者、監視者、英知者、目撃者、内奥者

⑥全能：主権者、開示者、裁定者、護持者、扶養者、決算者、代理者、援護者、全能者、統治者、権能者、優先者、復讐者

⑦クルアーンから派生（アッラーの行為や性質）：掌握者、拡張者、上げる者、称える者、辱める者、応答者、復活者、計算者、開始者、再生者、生を与える者、死を与える者、高貴者、大権主、集合者、供与者、禁止者、先導者、永続者、相続者

⑧クルアーンから派生（アッラーに関する意味・含蓄の言及）：下げる者、正義者、尊厳者、

発見者、猶予者、公正者、加害者、裨益者、光者、善導者、忍耐者

ここで美称に関して、いくつか留意すべき事項がある。

まず留意するのは、美称はそれで打ち止めであるという点である。つまりそれ以上に増えることもありえず、それ以下に減ずることもありえないということ。人にアッラーの名称を新たに考案するほどの力は与えられていないと観念する必要があるのである。

「言いなさい。わたし（ムハンマド）の主が禁じたことは、表に現れていようが隠れていようが、わいせつな行為であり、また（特に飲酒の）罪、不当な迫害、**アッラー**が何の権威も授けていないものを同位に配すること、そして**アッラー**について、（啓示に関する）知識もないのに、あなた方が口にすることです。」（高壁章七：三三）

他方でアッラーを称賛する用語は本来、九九に限定されるわけではないことも留意しておきたい。実にアッラーが広大無限である以上、美称の数は無限であると解される。そのうち人に教えられた名称として、九九あるという理解である。ちなみに九九という数字は無限を示唆するとされる。

なお大半の美称は、その呼称からして意味は判然としている。またそうあってこそ、アッラーを覚知するのを助けるための小窓の役目を果たすことになる。ただし幾つかは、かなり慎重に美称の意味するところを汲む必要もある。例えば、感謝者はアッラーにおいては、帰依《きえ》する

人を嘉《よみ》して報奨や恩寵を与えられることであるので、通常の意味の感謝ではない。あるいは、美徳者はアッラーにおいては、帰依する人に十倍の報奨を与えて、赦《ゆる》しを乞う者を免じて赦されることを指している。このように人間についての場合とは異なる意義を与えられることもあり、そのような場合にはアッラーの美称としての意義を理解する必要がある。

なお以上のようにすべての美称をそれぞれ丁寧に見ようという作業は、イスラームを語りアッラーを知る上に当然の基礎作業であり、アラビア語では何千頁に及ぶこととなる。しかし日本では、そのような本格的な研究や解説はまだこれからである。[4]

四、アッラーの覚知

美称による認識（覚知）は感覚的な手法だとすれば、思考によるとされる理性的なそれとして、著者がまとめるところ、以下のように五つ挙げられる。

ア．自然美の称賛

自然界の広大にして微妙繊細な調和と規律に、不可思議さや驚愕を覚えない人はいないだろう。クルアーンにも、人がアッラーを覚知するのに格別の苦労はなく、周囲に満ち溢れている自然界そのものが十分な証であると説いた箇所は多数ある。少々長いが次の節を引用しておこう。

「六〇．誰が諸天と地を創造したのか。また誰があなた方のために空から雨を降らすのか。それでもって、**われら**は喜ばしい果樹園を茂らせます。あなた方がその樹木を成長させるのではありません。**アッラー**の他の神が（そうする）のですか。いや、かれらは道を外れる（同位を配する）民なのです。六一．誰が大地を堅固な住みかとし、そこに川を設け、また山々をしっかり設け、二つの海（淡水、塩水）の間に障壁を設けたのですか。**アッラー**の他の神が（そうするの）ですか。いや、かれらの多くは知らないのです。六二．窮地にある人が祈るとき、誰がかれに応え、誰が災厄を除き、誰があなた方を地上の後継者とするのですか。**アッラー**の他の神が（そうする）のですか。あなた方は少しも留意しません。」（蟻章二七：六〇―六二）

イ．天性（フィトラ）はアッラーの証

人に与えられた天性の存在もアッラー存在の証と見られると同時に、この天性でもってアッラーの存在を覚知するに十分だというのである。つまり格別教えられなくても、人は超越した存在であるアッラーを呼ぶ（唱える）というのである。

「災厄が人を襲うとき、かれは横たわっていても、座っていても、立っていても、**われら**を呼びます。でも**われら**がかれから苦難を除くと、かれを襲った災厄のため**われら**を呼んだことが

なかったかのように振舞います。」（ユーヌス章一〇：一二）

ウ．人の生涯の不可思議さはアッラーの証

人の生涯には、さまざまなことが起こる。予期したもの、そうでないもの、好ましいもの、そうでないものなどなど、実にそれは万華鏡を覗くようだ。これらの諸経験の堆積がいかにも不可思議な糸で繋がれていることを落ち着いて素直に顧《かえり》みる時、その人をしてアッラーの存在の真理に導くのである。幼年期は一人っ子で育ったが、その間に覚えた料理の手腕で立派な板前に育ったような筋書きである。こうして人の生涯の道程をよく顧みる人は、アッラーの絶大な力と深謀配慮に納得させられることとなる。

エ．信者への導きはアッラーの証

次にアッラー存在の証となるのは、信者はそうでない人たちよりも、知識欲、礼儀作法、心の清純さ、善良さ、犠牲心、物事に対する熱心さ、人に対する奉仕や同胞心などの諸点で、優れた人柄と気性の人となるということがある。そこにアッラーの存在に気付かせられるのである。信者はその綱にすがって引かれて、そしてその結果、言動において非信者とあるいは不信であった当時の自分とは、明らかな違いを見せ始めるのである。

「そのような信仰する人たちは、**アッラー**を唱念することで、心は安らぐのです。実際、**アッラー**を唱念することにこそ、かれらの心の安らぎがあるのです。」（雷章一三：二八）

「**アッラー**が胸をイスラームへと開いて従うようにし、主からの御光を受けた者がいます。だから、災いなるかな、**アッラー**を念じるのに心を固くする（啓示を拒む）者こそ、明らかに迷える者です。」（集団章三九：二二）

オ．諸預言者への啓示はアッラーの証

選ばれた人たちである諸預言者たちは、アーダムの時代からムハンマドの時代に至るまで、一貫して人々にこの存在世界には称賛すべきアッラーがおられることを教え諭《さと》してきた。このように多数の民族にそれぞれの預言者が遣《つか》わされてきたこと自体も驚くべきことで、それはアッラーの差配によっている。

「**アッラー**が、人間に（直接）語りかけられることはありません。啓示によるか、帳《とばり》の陰からか、または使徒を遣わすかして、**かれ**の許しの下で、**かれ**はそのお望みを明かします。確かに**かれ**は、至高にして英明であります。」（協議章四二：五一）

人には聞えない「啓示」か、聞える「帳の陰から」の言葉か、天使ジブリールが預言者ムハンマドに使徒として遣わされて伝えたような言葉か、三種あることになる。

五、「アッラー」の語源

「アッラー」という言葉の語源に関しては、従来相当多様に議論が展開されてきた。その一つの有力な説は、アッラーは固有名詞だとするものである。

クルアーンを文法に重点を置いて解釈したことで高名なイブン・カスィール（一三七三年没）は、派生してくる語源がないとしてこの固有名詞説を唱えた。別の説では、呼びかけるときに、ヤッラー（ヤー・アッラー）と言うが、呼びかけのヤーと他の美称とを結びつけるかたち、例えばヤー・アルハーリドと言えないのは、アッラーが固有名詞だからだとする見方もある。これはアルクルトビー（一二七二年没）ら、多くの学者が採った説である。あるいはクルアーンの一節「あなたはかれと同名のものを知っていますか。」（マルヤム章一九：六五）を元に、固有名詞説を唱える人もいた。

それに対して、他の言葉から派生したと主張する説も多くの学者が唱えている。神を意味する、イラーに定冠詞のアルが付いてラー音が発音上重なり、アッラーとなったとする説は周知である。それはアラビア語辞書の古典、イブン・マンズール（一三一一年没）編『リサーン・アルアラブ（アラブの舌）』で提示されている。またそのアルは、定冠詞ではなく、アッラーを偉大で荘厳視するために使われた接頭辞であるという説もある。一方では、それはワラハという言葉の派生であるとする。ワラハは、戸惑う、の意味だが、人々がアッラーの本質を理解しようとすると戸惑うからだという。あるいは、ラーハ（隠れる、高みに現れる）が語源だとする。またさらに、アリハ、という言葉が語源だとする。アリハ、は誰かに頼って安心することであるが、アッラーに安寧を見出すからだとする。これは碩学で高名なファフル・アルディーン・アルラーズィー（一二〇九年没）らの説である。

なおこの議論は、長期間にわたって過熱気味になったのであろう。その結果、アッラーという用語の意味の重大性には全員一致しているのであるから、以上の固有名詞説と派生語説の両説の論争はそれに比べればさほどの問題ではない（例えば、イブン・カイイム・アルジャウズィーヤ、一三五〇年没）として、いわば調停案が出された。こうしてこの一連の議論は、そこで行き止まりとなってしまった。そしてそれ以降、後代に至るもどちらという結論も出されないままに、今日現在も並び立っているのである。

六、アッラーとその美称の唱え方

次に押さえておきたい点は、アッラーという美称の唱え方である。それは信仰の中心であり究極でもあるということからして、常に信徒の心の中に活発に躍動しているということである。「この啓典であなた（ムハンマド）に啓示されたものを読誦しなさい。そして礼拝の務めを守りなさい。確かに礼拝は、淫らな行為と悪行から遠ざけます。**アッラー**を唱念することこそ、偉大なのです。**アッラー**は、あなた方が行うことをすべてご存知です。」（蜘蛛章二九：四五）

礼拝（サラー）の時や随時の祈願（ドゥアー）や唱念（ズィクル）のとき、あるいはそれらに限らず、常時アッラーの御名が口をついて出るのが本来である。

「それであなた方の主は、仰せられます。**わたし**に祈りなさい。**わたし**はあなた方に答えるであろう。だが**わたし**に仕えない尊大な人たちは、必ず恥辱まみれで、地獄に落ちるであろうと。」（赦すお方章四〇：六〇）

こうしてアッラーの美称は、なにはともあれ、念じられることを眼目としている。ただしその際、信徒は感謝と畏敬、あるいはアッラーへの敬愛の気持ちに満たされていることが大前提である。また時には、悔悟の気持ち、苦難除去の祈り、勝利祈願など具体的な願いが込められることもしばしばであろう。

「そのような信仰する人たちは、**アッラー**を唱念することで、心は安らぐのです。実際、**アッラー**を唱念することにこそ、かれらの心の安らぎがあるのです。」（雷章一三：二八）

様々な功徳があるが、心の安らぎ（トゥムアニーナ）は最大のものの一つである。ちなみにアッラーを唱えるのは、口に出さなくても、心の中ですることも有効なのである。

七、作法と注意点

次いで触れることはほとんど幼児教育の範囲に入るが、アッラーと書かれた紙切れなどがあれば、その上に座ることはありえないし、またそれをゴミ箱に捨てなければいけないときは、アッラーと読めないほどに細断して捨てなければいけない。またアッラーの言葉としてクルアーンの本の上に、他のものを置くことは禁じられる。アッラーに対する格別の気持ちは、このような日常作法の中に浸透しているのである。意外と日本には、このような側面が知られていないかと思われるので付言した。

更に一言追加すべきことは、日本語のなかでしばしば「アッラーの神」という言い方が登場することである。それは「何々の神」という発想と表現法がなじんでいるからであるが、他方その成句の示唆するところは、アッラー以外に神が存在するということである。少なくともそのように暗示しているとして、ムスリムたちは非常に毛嫌いして、拒否するということである。日本側もそれほどの深刻さがあるとは想像もしていなかったのであれば、初めから注意して回避するに越したことはないのである。

八、アッラーをいつも意識すること

アッラーと信者の関係を巡っては、いろいろの側面から扱い得る。しかし中軸になるのは、信者の主への敬愛と主の信者への慈悲の配慮である。その敬愛の表れには、またいろいろの側面があるが、その基本はアッラーを無視しないで意識するということ（イッタカー）である。アッラーのことで心を一杯にする行為であり、最近の用語で言えば、マインドフルにすることである。昔の日本なら、いつもお天道様が見てござる、というところであろう。このイッタカーという動詞は、クルアーン中に一六六回も頻出するという意味でも、重視される。

ところがこのイッタカーの用語を従来は、「畏怖する」と訳すことがしばしばであった。本来は「守る」、「注意する」、「警戒する」などで、周辺の敵対する部族などが想定されるものであった。しかしアッラーが対象となるクルアーンでは、それが「アッラーに特に注意する」といったあたりから、特にアッラーの懲罰に警戒する、つまり「恐れる」という側面が前面に出されるようになったようだ。

一次資料があまりないので推測も含むが、一二年間ほどの短かった啓示当初のマッカ時代は、「(アッラーで) 心を満たし意識しろ、無視するな、警戒しろ。」と言いつつ、その心は、「アッラーによる懲罰を恐れよ。」であった可能性もある。使用された用語とそれが意図した内容との間でずれが生じるのは、どこにでも見られる言語現象である。

「ありがたい」というのが、希少価値を評価する、つまり感謝の言葉になったようなものである。さらには、有難き幸せ、となれば、それは幸福感の表明ということになる。しかし表出された言葉は、「ありがたい」であり、変わりない。そもそも翻訳というのは内心を憶測して描写するものではなく、表現された言葉を置き換えるのが原則であろう。内心はどうかというのは解釈の世界であり、多くの場合はそこまで立ち入った翻訳は訳し過ぎの部類に入るのであろう。

　ということは、イッタカーは「恐れる」ではなく、「(自らを）守る、（アッラーを）意識する」という訳で止めるのが正解ということになるのではないだろうか。「守る」という行為には、敵対者に対する恐怖心が伴っていても不思議ではないが、それは別物というところがポイントである。

　もちろん「恐れる」を「畏れる」と別の漢字にすれば、ただの恐怖ではなく、かしこまるという、物理的よりは精神的で宗教的な用語になる。アッラーの懲罰を恐れるのは「畏れる」ということだが、微妙な違いである上に、「畏れ」や「懼れ」に恐れる気持ちは何がしか同居しているのではないだろうか。それほど同居していないとしても、イッタカーは「かしこまる」でもなく、要するに「警戒し、意識する」のである。そこで同じ議論の延長として、イッタカーの和訳語としては、「畏怖」も同時にここで除外しておきたい。[6]

最近の英語版クルアーン辞書に見ると、次のようにある。[7] イッタカーは自動詞として、篤信であるという意味の他、他動詞として、(アッラーを) 意識する、あるいは、(何か悪いものから自らを) 守る、距離を取るという意味である。つまり「恐れる」という意味は与えていない。また包括的な立場で知られる前出のファフル・アルディーン・アルラーズィーの古典的なクルアーン解釈書では、それは広くは、守る、維持するであるが、クルアーン上は、「畏怖」、「信仰」、「悔悟」、「帰依」、「従順」「至誠」などと多様に解釈されるとしている。[8] つまり「畏怖」は幾多の解釈の一つとされている。一方、クルアーン以外も含めて広く意味を拾っているケースとして、古典的アラビア語辞書の筆頭としてやはり前出のイブン・マンズール著『リサーン・アルアラブ (アラブの舌)』を見ると、イッタカーの原形のワカーは守る、維持する、害から隠すなどの意味で、イッタカーは、警戒する、しっかり篤信する、懲罰を恐れるといった意味で用いられた諸例が挙げられている (アラビア語辞書では言葉の定義を求めるよりは、幾多の使用例が収集される)。[9]

ここで精査したいことは、多様な諸例を通じて見て、恐れる気持ちがイッタカーの中で働いているのかどうかである。結論としては、イッタカーには自動詞であれ、他動詞であれ、その要素は多くは含まれていないと言わねばならない。篤信であれば、主を畏怖する気持ちを持つのは自然であり、そこに矛盾があるわけではない。しかし検討のポイントは、イッタカーという用語自体に恐れの要素があるのか、ないのか、ということである。篤信である、あるいは他動詞として、アッラーを意識するという中には、恐れる要素は少なくとも主要なものではないのである。その要素を含めるとすれば、それは「恐れ」要因の「篤信」分野への越境であり、意味上の浸食現象である。つまり解釈を翻訳に持ち込み過ぎているということになる。

さらに敷衍《ふえん》すれば、イッタカーの原型であるワカーを見ると、それは専《もっぱ》ら「守る」、「距離を取る」という意味に限定されていて、「恐れ」要因は介在していないのである。そのことは自然と、自らの派生形であるイッタカーの意味内容に限界を与えるものでもある。

それでは、どこから「畏怖」の発想に至ったのであろうか。一つの原因として考えられるのは、クルアーンの英語訳の場合、従来は、fear の訳語が当てられるケースが少なくなかったことが想起される。特にそれは日本でクルアーンの翻訳が始められた当時流布していた、ユーセフ・アリーやアーサー・ジョーン・アーベリーといった大家のクルアーン英訳で定番となっていた。それを受けての和訳作業において、この越境現象を引き継いでしまったのではないか。[10]

なおこのように英語訳を和訳語にも継承している例は、「聖クルアーン」や「賛美」と「称賛」のルースな用法においても全く同様に、本章の後の数章において見出すこととなる。ここでしきりにクルアーンでアッラーを意識して篤信であれ、と繰り返されるのは、アッラーを恐れろと言っているのではない点をしっかり把握しておきたいということである。[11]

「信仰する人たちよ、**アッラー**を意識しなさい。明日のために各自が何を提供したか考えさせなさい。そして**アッラー**を意識しなさい。確かに**アッラー**は、あなた方が行なうことを知り尽くします。」（集団章五九：一八）

右の節の「意識しなさい（無視するな）」を「恐れなさい」としたら、まるで別世界になる。

本書の冒頭において、このようにイスラーム全体のイメージ作りの主要因にもなっている問題を是正するのは、全く時宜を得たものであろう。その神は恐れられるものというのは誤解であり、そうではなくアッラーは本書の後でも見る通り、慈愛と正義の主であることを初めに再確認しておきたいのである。そうでなければ、世界数十億の信者の熱心な帰依を獲得し、かれらが慕い、さらには巡礼の際などにみられるように、主にしがみつくような姿を見ることも、およそ考えられないのである。

註

1 本書のクルアーン引用の出典は、『クルアーン――やさしい和訳』監訳著水谷周、訳補完杉本恭一郎、国書刊行会、二〇一〇年第四版。

2 『マウスーア・アルアスマーィ・ワアルスィファート（美称と属性の百科事典）』アーデル・ビン・サアド、アムル・ビン・マハルース編、ベイルート、ダール・アルクトゥブ・アルイルミーヤ社、二〇〇六年。上下二巻。英語のまとめとしては、Mohammad Mahdi al-Sharif, *Allah's Most Beautiful Names*, Beirut, Dar al-Kutub al-Ilmiyya, 2006.

3 『ハディース（アルブハーリー）』全三巻、牧野信也訳、中央公論社、一九九三―四年。上巻、七五二頁。『日訳 サヒーフ ムスリム』日本ムスリム協会発行、一九八七年。全三巻。第三巻、五九六頁。

4 拙著『イスラーム信仰とアッラー』知泉書館、二〇一〇年。アラビア語文献に基づいて、美称全体の紹介をしている。

5 アッラーの語源に関する諸説に関しては、多数の項目で検索可能。例えば、https://www.alukah.net/literature_language/0/80377/ など。

6 アラビア語では、恐れ（ハウフ）と畏れ（ハシーヤ）の区別もあるが、後者に前者の気持ちが同居していることは否定されないし、また両者は今日でもほとんど同義にも使用されうる。ちなみにイスラーム以前は、イッタカーは防御するという意味が主流であった、そしてイスラーム当初のマッカ時代はアッラーの威光を示すため恐怖の側面が重視されたが、マディーナ時代には、それは後退して篤信に移行したとする見解は、Toshihiko Izutsu, *God and Man in the Koran, Semantics of the Koranic Weltanshauung*, Tokyo, The Keio Institute of Cultural and Linguistic Studies, 1964. pp. 233-239. 同氏のクルアーン和訳は、「懼れまつる」としている。『コーラン』井筒俊彦訳、岩波文庫、一九五八年初版。全三巻。下巻一八八頁参照。

7 英語版クルアーン辞書として秀逸なのは、Badawi, Elsaid M., Muhammad Abdel Haleem, *Arabic-English Dictionary of Qur`anic Usage*, Leiden, Brill, 2008. 一〇四三頁。

8 *Tafsir Fakhr al-Din al-shahir bil-Tafsir al-Kabir wa Mafatih al-Ghaib*, Beirut, Dar al-Fikr, 1981. 第二巻、二二一―二四頁。名詞形のタクワーも含めて述べられている。

9 『アラブの舌』には多数の版が出されているが、ここでは以下のデータを利用した。https://islamweb.net/ar/library/index.php?page=bookcontents&idfrom=9138&idto=9138&bk_no=122&ID=9151 二〇二一年二月一三日検索。『リサーン・アルアラブ』ベイルート、ダール・サーディル社版では、第一五巻、四〇一―四〇三頁。

10 各種のクルアーン英訳については、一覧がデータ化されている。第五九章一八節は、https://corpus.quran.com/translation.jsp?chapter=59&verse=18 二〇二一年二月五日検索。ほぼ一世紀にわたって使用された次の簡易なクルアーン用語英語辞書にも、イッタカーの英訳としては、fear が出ている。John Penrice, *A Dictionary and Glossary of the Koran*, 1873. New Edition, 1971. London, Curzon.

11 Haleem は fear とするのは、over-expression であるとしている。*The Qur`an*, tr. by Muhammad Abdel Haleem, Oxford University Press, 2004, 2005. 四頁脚注c。

第二章　イスラームに「聖」概念のないこと

「聖」の一字は、日本では好まれて使用され、それを見ない日はないくらいである。英語でもholyは頻出する。このような状況は、イスラームを語るときにも押し寄せてきて、不当にもこの一字がさまざまに押し付けられているのである。日本語で「聖クルアーン」などと言っても、原語にはその一文字は登場していない。それどころかイスラームは本来、アッラーとの介在を許さないので、一歩神に近いことが想定される「聖」の概念自体、居所がないものなのである。いわば日本の常識を覆すこの論点を、イスラームの本髄に直接つながる話として、本章で整理した。

日本では「聖」という一文字は大変に好まれていて、日常用語としてもしきりに登場する。他方それはイスラームでは、崇拝する対称としてアッラーと同列者を設けることとなり、いわば偶像を作り出すことにもなるので、最も警戒され強く拒否されてきたものである。つまり彼我の間では、真逆な位置づけに置かれる用語なのである。

以下においてはまず、日本語でしきりに「聖」を付けた形でイスラーム関連の事象が語られるが、いずれも原語のアラビア語では「聖」に相当する一言は見出せないという点を明らかにする。次いではさらに、そもそもイスラームでは「聖」概念が存在していないという、偶像禁止と表裏一体の論点を解説したい。

一、日本製の「聖」の諸事例とイスラームの原義

イスラーム用語として、日本語の「聖」の文字が使用されるケースは少なくない。しかしそれらはいずれも精査されないままに慣用的に使用されているものに過ぎない。以下では、それらの諸事例に当たって、イスラームの原義としてアラビア語には存在しないものであることを

明らかにしよう。

(一) 聖地

イスラームの聖地としては、三つの都市が挙げられることが多い。それはマッカ、マディーナ、そしてエルサレムの三都市である。しかしそれらのいずれも、「聖」に当たる言葉は原語であるアラビア語では登場しないのである。この事情を詳細に見ることとするが、その際には、イスラームが誕生した場所であるマッカ、マディーナと、ユダヤ教を歴史的な背景とするエルサレムとは、分けて考える必要がある。[12]

ア．禁忌のある地域(ハラム)

マッカとマディーナの二都市を聖地と訳す場合の原語のアラビア語は、ハラムである。その子音である、HとRとMは一組の三語根を形成して、その意味は禁じるということである。つまりその地域には禁忌があるというのが、原義である。

マッカを中心にして見ると、それには大中小の三つのハラムが設定されているが、これらを細かに検討する必要がある。

大は「巡礼の聖域」と称されるもので、これは南北約五〇〇キロ、東西約三〇〇キロになる。

巡礼者はその中に入る時には巡礼の意図表明をして、巡礼着を着用する地域である。そこには当然マッカとその北にあるマディーナ、西の港町ジェッダを含む。そしてこの「巡礼の聖域」の境界線は、預言者自身が定めた五つの地点を結ぶものとして定められる。これらの五つの地点とは、マディーナ南方のズー・アルフライファ、マッカ南方のヤラムラム、海岸沿いのアルジュフファ、マッカ東方のザート・イルクとカルン・アルマナージルである。[13]

なお「巡礼の聖域」（ハラム・アルハッジ）も、次に見る「聖地マッカ」（ハラム・マッカ）もアラビア語では同じ言葉の「ハラム」で表現されている。「聖域」と「聖地」の内容の違い（地理的時間的範囲、禁忌の内容、成立の根拠など）が大きいので、日本語訳として区別されてきたということである。

大中小の中は、マッカ周辺のハラムである。これは東西南北約一〇キロの地帯であるが、いわばマッカを含む拡大されたハラム・マッカである。これは巡礼月以外でも一年を通じて恒常的にハラムなのである。その根拠は預言者ではなく、アッラーが天地創造の日に定められたとする。

「アッラーはマッカを不可侵なものとされた。[14]」

ところがその範囲は明記されなかったので、諸説が主張されてきた。

第一はアーダムが地上に降りた時、悪魔の脅威から逃れるためにアッラーに防護をお願いしたのでアッラーは天使たちを遣《や》られたが、その際に天使たちがマッカを中心にして守備についた範囲だとするものである。

第二は、預言者イブラーヒームがカアバ殿を建設した時に、黒石を天使がもたらしたが、その際に黒石の光が届いた範囲であるとする（注：黒石は元来白色で光っていたとされる）。

第三は、アッラーが次の呼びかけをされたことがクルアーンに出ている。「さらに**かれ**はまだ煙であった天に向かい、天地に対して、両者は好むと好まざるとに関わらず、（**アッラー**に）来たれ（姿を現せ）と言いました。そこでそれら（天地）は、わたしたちは喜んで参りますと言いました。」（解説された章四一：一一）

この呼びかけに対して応じた地としては、マッカ周辺のものしかなかったが、それがこの範囲となったとする説である。[15]

こうして不確定なハラム・マッカの境界線を認定する作業が、歴史を通じて連綿と継続されることとなった。その初めは預言者イブラーヒームであるとされ、ウマイヤ王朝以来、サウジアラビア王国開始までに一一回行われた。そして二〇世紀も終わりごろに至り、漸くそれが整えられたとされるのである。[16]

最後に大中小の内、一番小さいのはマッカ市そのものである。これも同じ言葉を使ってハラム・マッカと称される。そこで現地の日常的な用法では、前述の中規模のものを指しているのか、この小規模のものなのかは峻別されないことが多い。ただし用法としては、中規模の方はあまり人々の意識にはないので、ほとんどの場合、ハラム・マッカといえば、小さい規模のマッカ市の方を指している。

マッカとマディーナの両都市を合わせて、ハラマーンというハラムの双数形で呼称されることもしばしばである。サウジアラビア国王の正式な称号は、陛下ではなくて「ハラマーンの守護者」という肩書である。これら二都市を守るものであることに、いかに誇りと責務を感じているかという証でもある。

以上ハラムについて記したが、そこにおける禁忌の内容は次のような項目になっている。まず中と小の場合だが、ハラム・マッカとしての禁忌の内容は、アッラーとの関係で、そこでは一切の不信仰の行状はありえず、また一定の事柄（戦闘や人の殺傷、狩猟、樹木の伐採、落し物の無断拾得などが主な内容）がタブーとされる。巡礼に際しては右に幾つも追加されるので、ハラム・アルハッジの場合の禁忌の方がはるかに多岐にわたることとなる。巡礼の際の禁忌には、巡礼衣を身につけなければいけない（ただし女性は全身を覆う普段着で可）ことから始まり、髪や爪を切ってはならない、結婚はしない、性的交渉を断つ、香水の禁止などがある。

最後に、ハラムという用語は形容詞となってハラームという形でも使用される。例えばカアバ殿を囲む建築物全体はマスジド（モスク）であるが、そのマスジドはアルマスジド・アルハラームと称されるので、日本語訳としては「聖マスジド」とされる。あるいはマッカのことを禁忌のある土地（バラド）として、アルバラド・アルハラームともアラビア語では呼称される。

なお以上のように聖地あるいは聖域（両者ともハラム）とされる場合、用語上禁忌があるという意味ではあるが、その地域が格別視される理由は禁忌があるからというだけではないことを付記する必要があるだろう。その土地は、多くの世界初の事由があるのである。アッラーはどろどろした混沌状態にあったものを固められ、そして初めに創造された大地がマッカであった、したがってマッカは地上初の街となった。その近くに創られた初めての山は、マッカ近郊のクバイス山である。カアバ殿は地上初の建造物であった。さらには人類の祖であるアーダムとハウワーが地上で再会したのはマッカ郊外であったし、そこで巡礼をすることとなった。[17]

これだけあれば、どれほどマッカとその周辺地域が格別な目で見られることとなるかは明らかであろう。そこへさらに、アッラーの命令で信者が平安に帰依できるように様々な禁忌を定められたという次第なのである。

イ．清浄で無欠な家（クドゥス）

次は第三の「聖地」とされるエルサレムに関して記す。まずアラビア語でエルサレムという都市名は、アルクドゥスである。クドゥスという単語を構成する子音である、QとDとSの三語根の原義は、清浄であり無欠であるという内容である。したがってそれは、ハラムの禁忌のあるという原義とは異なるものである。

アラブ征服後の初期はアルクドゥスよりは、バイトゥ・アルマクディスと呼ばれ、その意味は、「クドゥスの家」ということである。この呼称は現在でも用いられることがある。そしてそのバイトゥ・アルマクディスという用語は、ユダヤ神殿を指していたユダヤ語のベイトゥ・ハ・ミクダシュが語源であるとされる。その意味は、「聖なる家」ということである。ただしユダヤ語名におけるミクダシュが原義として、どのような意味合いであったのかは不詳であるので、ここでは「聖なる」で止めることとする。それのアラビア語訳として原義とは少々ずれが生じるが、「クドゥス」が使用されたということである。

以上をまとめるとアラブ征服直後はユダヤ語の名称をアラビア語にしてバイトゥ・アルマクディスとしてエルサレムを呼んでいたということになり、その後はそのアラビア語名の短い形として現在用いられるアルクドゥスという名称が登場したということになる。ということは、現在の名称であるアルクドゥスはそもそもイスラームを背景として登場したのではないということになり、マッカを禁忌のある土地とするという事情とは異なっているのである。

それにもかかわらず、エルサレムをイスラームで特別視するのはどうしてだろうか。それは他でもない、預言者ムハンマドの昇天物語があるからである。マッカから天馬に乗って一夜でエルサレムに到着して、それから天に昇って毎日礼拝を五回することをアッラーに命じられたとされるのである。その後彼は再び、天馬にまたがって明け方までにはマッカに戻ったのであった。これがクルアーンの第一七章「夜の旅章」の筋書きである。

もちろんそれ以外の理由もある。エルサレムはイスラーム初期の礼拝の方角でもあったとされる。そうしたのは移住先のユダヤ人たちへのサービスであったのかも知れないが、よほど重視される土地であったことは確かである。その礼拝の方角をマディーナにマッカから避難して一七ヶ月後、現在のようにマッカに変更したのは、敵対的で多くの被害をもたらすマディーナのユダヤ人と袖を分かつためであったとされる。現在もマディーナにはアルキブラタイン（二つの礼拝方角）と呼ばれているマスジドがあるが、そこでは礼拝の方角を示す壁の窪みが南北二つ設けられていた。しかし近年の改築の際に、窪みはマッカ向きのものだけが残されることとなった。

さらに預言者は礼拝の功徳の特に多いマスジドとして、マッカの「アルマスジド・アルハラーム（聖マスジド）」、マディーナの「預言者マスジド」、そしてエルサレムの「アルマスジド・アルアクサー」を上げた。そこでの礼拝は他でする礼拝よりも功徳が多いということだが、その倍率に関しては、聖マスジドが一〇万倍、預言者マスジドが一〇〇〇倍、アルマスジド・アルアクサーが五〇〇倍といったものの他、伝承が一定せずに、さまざま数字が挙げられている。しかしいずれにしても、格別に清浄で無欠な土地として、エルサレムを第三の都市として格別な位置づけが与えられることとなった。

ウ．用語の意味がずれる現象

言葉は生き物であるので、時間の経過とともに用法上、その意味内容に大小や多少のずれが生じることは珍しくない。

まずハラムの新たな用法である。その事例の一つは、右にすでに触れた預言者ムハンマドの昇天物語の舞台となった岩のドームとその西数十メートルのところにある「アルマスジド・アルアクサー」を巡るものである。岩のドームと呼ばれるあの燦然と黄金色に輝く建造物は、当初アラブ支配が及んだことの象徴的な意味が込められていた。それをアルマスジド・アルアクサーと共に呼ぶときは、アルハラム・アルシャリーフ（栄誉あるという意味）と称されている。なお岩の下部分はイスラエルによってコンクリート固めにされてしまったが、いまだにドームの中は女性の礼拝堂として使用されているそうである。

この場合、ハラムはすでに見たところの、禁忌ある場所としてのマスジド、あるいはそのマスジドのある境内という意味に転じているといえよう。事実、マッカにおいてはアルハラムというと、それは中でもアルマスジド・アルハラーム（聖マスジド）自体を指していることが大半である。またアルマスジド・アクサーのことは、アルハラム・アルアクサーともいわれることとなった。

同様に意味がずれる現象であるが、エルサレムのことはアルクドゥスと呼ばれるのが普通だが、旧名のバイト・アルマクディスで称されることもあるとすでに触れた。しかしそのバイト・アルマクディスという用語は同時に、アルマスジド・アルアクサーそのものを指して呼ぶときにも用いられる。

(二) 聖クルアーンと聖預言者伝承

クルアーンにはアラビア語では通常それを修飾する形容詞としては、「カリーム」が使用される。したがって、アルクルアーン・アルカリームとなる。カリームの意味は、寛大なということで、本来はアッラーの美称としての九九の呼称の一つでもある。またそれは、高貴なという意味でもあり、一般に同種の仲間で最良の資質を持つものを指すとされる。つまりカリームな言葉といえば優しく柔軟な言葉であり、カリームな恵みといえば多くの恵みであるし、カリームな石といえば価値の高い貴重な宝石ということになる。

そこでアルクルアーン・アルカリームであるが、クルアーンがカリームとはどう理解されるのか。そしてその日本語訳として、「聖クルアーン」でよいのかという設問が出てくる。クルアーンが高貴であり、最良の言葉であり、崇高な内容であることは疑問ないとして、それらの特質はすべてクルアーンが啓示の書であることに依拠している。

そこでいわば直訳的にクルアーンの原義は読み物ということだから「最良の読み物」とはしてしまわないで、「聖クルアーン」としておくことで原語の意図が半分は表現されているということになる。しかしその場合の「聖」は、当然禁忌があるかないかということでもなければ、清浄で恵み多いということでもなく、神聖なという意味合いである。だから神聖なるクルアーンということになるので、それは原義からは極めて距離があるということになる。さらにはクルアーンに「神聖さ」を認めることは、アッラー以外に同列者を置く（シルク）という、一神教の根本に疑念をはさむ問題を惹起することとなる。クルアーンは決して崇拝の対象ではないのである。

さらに「聖」がしつこく頻出するもう一つの理由は、それが英語のholyの日本語訳として使用されてきたという背景があることだ。英語でも、The Holy Quranとするのは普通に見られることだが、この場合はそもそも英語訳が間違っているということになる。これは恐らく、The Holy Bibleの延長の発想であろうが、最近は注意深く、The Noble Quranと英訳されている例を見ることができる。

次には預言者伝承を巡る問題点である。預言者伝承集にアッラーは語られたとして預言者ムハンマドが引用する部分がある。そのような伝承は格別に扱われて、「ハディース・クドゥスィー」と固有の名称で呼ばれて、それは「聖伝承」と訳されている。クルアーンには取り入れられなかったアッラーの言葉であるから、格別の形容詞でその伝承を修飾することに問題はないだろう。問題はここでの「クドゥスィー」を「聖」と翻訳することである。アラビア語の原義としては、それは「清浄で恵み多い」という意味合いであることは、アルクドゥス（エルサレム）の原義としてすでに述べた。また聖預言者伝承と訳すことで、崇拝の対象扱いをする結果となってイスラームの根本教義に反することとなるのは、「聖クルアーン」と同様である。

(三)「聖」使用の他の諸例

「聖」の言葉を、イスラーム用語にはそれに類似するものがないのにもかかわらず、日本語ではいわば外から押し付けで援用される場合もある。その最たる事例は、「聖者」である。

ア．聖者

イスラームの教義上、聖者は存在せず、クルアーンにも何ら言及はされていない。[18] 人間は聖も俗もなくて、全員平等に創られているからである。中世以来イスラームを逸脱した考えを排斥するとして、一八世紀にアラビア半島でワッハービスムが興《おこ》ったが、そのときに最も非難された習俗は聖者崇拝とその墓参であり、もう一つは種々の非イスラーム的な諸儀礼を持ち込んでいたスーフィズムであった。

しかしここではもちろん聖者の非正統性を論じることが目的ではなく、聖者には「聖」という用語が用いられているが、そこでは何を指しているのかということと、そのような用法が実態と照らし合わせて妥当かどうかという二点に絞って考察を進めることになる。

イスラームで格別の信仰上の指導力を発揮し、模範と目される一群の信心深い人たちが出現してきた。彼らの人徳により人々は多く救われ、導かれたのであった。そこで彼らは欧米でいうところの「聖者」に似た扱いを受けて、その遺徳を偲ぶための墓参りは必要であり善行とされるに至ったのである。しかしイスラームの中では、彼らをまとめて「聖者」と認識する慣行もなければ、それに対応する用語も存在してこなかったのである。それぞれの土地における名士であり、高徳者であり、救済者なのであった。

その彼らの呼称として多く見られたのが、アラビア語ではワリー（複数はアウリヤー）であった。ワリー以外にも、地方や宗派によっては異なる名称が多数使用されてきた。サフィー（親しい友）やシャリーフ（預言者ムハンマドの子孫）などであるが、ここではそれらの収集はしない。いずれにしても日本語訳としての、「聖」者がここでの関心事であるからだ。また特にスーフィズムではアッラーとの合一体験に至った人として、その資格などワリー論が盛んになったが、それもここでの関心事ではない。

ワリーの原義は支持者、あるいは支援者であって、それはアッラーへの支持者でありアッラーの友を指していた。友人であるから篤信であり、模範とすべき人たちであったのだ。しかしそれをもって彼らが一層アッラーに近いとか、アッラーのご加護を人並み以上に豊かに受けているという考えになると、それはイスラームの外からの移植に過ぎない。

ちなみにイスラームでは聖職者も存在しないことは知られているが、それは人々の間に聖俗の区別も設けないことの重要な側面でもある。そして全員が信徒であることで平等であり、聖視すべき種別の人はいないということである。

最も篤信であり、天国行きとなる人たちは四種類あるとされる。クルアーンに言う。

「**アッラー**と使徒に従う人は誰でも、**アッラー**が恵みを与えられた預言者たち、誠実な人たち、真実の証人たち、そして正道にある人たちと一緒になるでしょう。かれらは何とすばらしい仲間でしょうか。」(女性章四：六九)

そこには何ら聖者の一群を認める発想のかけらも見当たらないのである。以上要するに、聖者という名称で示される一群の人たちは、イスラーム上は根拠がないものであることを再確認しているということになる。それにもかかわらず、格別の尊敬を集めた人たちを聖者と認めるかどうかは、外界からの分析上の視点に発する呼称であるということになる。[19]

さらにイスラームの発想からすれば一番重要なポイントは、人が「聖者」であるかどうかは、人間の権能ではなく、アッラーが決定されることであるということだ。もちろん聖者というカテゴリーが用いられるのであればという前提であるが、そのような前提を示唆する表現や思想はイスラームの中には認められないのである。しかし認められていないにもかかわらず、使用するかどうかは最終的にはアッラーの自由である。人はその判決の結果を示されるだけの立場にあるのだ。

イ．カアバ聖殿

カアバとは立方体という意味であるが、アラビア語ではそれに対しいて用いられる形容詞（正確には受動分詞）は必ず栄誉あるという意味の、ムシャルラファである。だからアルカアバ・アルムシャルラファということで、栄誉ある立方体というのが字義通りの日本語ということになる。英訳は、しばしば the Holy Kaaba とされる。

そこで栄誉あるという形容詞をどのような日本語に訳すかということが残る問題である。そのためにはカアバの成り立ちを想起し、その跳び抜けた別格の重要性を理解することから始める必要がある。

ちなみに広く語られているのは、天上の「参拝の館」は天使たちが天上でアッラーを称賛するところがないと言って困っているのをアッラーが見られて、その建造を命じられたものであった。[20]
その頃天使たちは、アッラーに対して疑義を質したことがあった。クルアーンに言う。「あなた（ムハンマド）の主が天使たちに、**わたし**は地上に代理者（人間）を置くといわれたとき、かれらは言いました。**あなた**は、悪を犯し、血を流す者を地上に（代理者として）置くのですか。わたしたちは、**あなた**を称賛（の言葉）で賛美し、（格別の）清浄さをたたえているのに。」（雌牛章二：三〇）[21]
これに対してアッラーは怒りを表されたので、天使たちは悲しみ悔悟し、玉座、あるいは「参拝の館」（アルバイト・アルマアムール）の周りを三時間に渉って、七回かそれ以上何回も周回していた。ちなみにこれがイスラームにおける巡礼の際、カアバ殿を七周する回礼（タワーフ）の儀礼の始まりであった。それからアッラーは天使たちを赦された後に、将来アッラーに怒られた者たちが回礼して赦しを請うために、地上にも家を作るように命じられた。[22]
これがカアバの発端であったというのだ。アッラーの直接の命令で建造されたという由来と建設作業は天使たちであったということで、アッラーに直結する背景があるということである。これだけの背景を整理して念頭に浮かべると、カアバ聖殿という日本語訳を持ち出すのも無理はないということになる。それは栄誉（シャラフ）そのものの根拠も示していると理解することができる。

そしてそれは少なくとも、大半の場合の訳語であるカアバ神殿というよりは、誤解を招かないだけでも相当前進といわねばならない。カアバにはアッラーが天上より降りてこられるとか、アッラーの地上における家であるといった誤解が相当広く日本では持たれているからである。

ウ．聖法

クルアーンに示された正しい道を教えるものが、シャリーアと称されるイスラームの法規範である。それは広義の法体系であるので、法源と目されることが多い。他方それに依拠しつつ、現実生活の規範として構築されたものはフィクフと呼ばれて、それが狭義のイスラーム法である。その仕事を成し遂げたのは、連綿と続くイスラーム法学者たちである。

このうち前者のシャリーアのことを、「聖法」と呼ぶ人もいる。ただしこの名称を使用することは今では少なくなりつつある。あたかもフィクフはイスラームの外の俗人による人定法であるかのような印象を与える恐れもあるからだろう。シャリーアもフィクフもそろってイスラームの中の教えに従い、あるいはそれ自身がイスラームの教えそのものでもある。

いずれにしても、シャリーアを「聖法」と訳すことはあまりに原語から離れ、また的外れであり、さらに誤解を生じるという弊害がある。シャリーアはシャリーアで、日本でも相当通用する時代になってきたと言えよう。

エ．聖月

ラマダーン月のことは、アルシャハル・アルハラームと称されるので、「聖月」とも訳される。通常の英語訳は、the Holy Month とされる。しかしすでに述べてきたように、原義は「禁忌のある月」ということである。すなわち断食が義務付けられる月間ということになる。その月には、クルアーンが啓示されたとされており、毎年同月中を通じて毎日クルアーンを読誦して、一月で読み上げる学習が勧められ、広く実行されている。クルアーンも一一四章とは別の目印で、三〇部に均等に分けられて、読了に役立つように整理されている。

このようにこの月は「ハラーム」で修飾されるので、「聖」の一文字がまた登場してくることとなった。しかしそれは原語には出てこない用語であるのは、従前通りである。

オ．聖魂

クルアーンに「ルーフ・アルクドゥス」というのが出てくる。

「**われら**はマルヤムの子イーサー（イエス）に、明らかな印を授け、清魂（天使ジブリール）によってかれを強めました。」（雌牛章二：八七）

この「清魂」は従来、「聖魂」と訳されるのが通常であった。英訳は、the Holy Spirit とされる。しかし原義は、もう言うまでもなく、アラビア語は「クドゥス」であるので「格別の清らかさ」である。そこで、クルアーンの拙訳では、訳語の変更を注釈で説明した上で、「清魂」とした次第である。

カ．聖典

聖典クルアーンという表現もしばしば見られる。しかしそれはあり得ないという、カイロ声明については後の第三節を見てほしい。聖典に代えて、啓典となる。

二、そもそもイスラームに聖概念のないこと

一般に物事が存在しないという証明は、悪魔の証明と言われて、極めて難しいとされるようだ。しかしイスラームに聖概念が存在しないということは、それほど苦労を要しないで確定できる。

「聖」には通常、格別の清らかさと同時に、何らか意味で神性を帯びていることが含まれる。神との特別な関係を設定して考えるのである。しかしこれは、神に同列者を置く（シルク）、あるいはその端緒を設けてはならないとする立場とは共存できないものである。この同列者を

認めないための議論は、並置論としてイスラームでは最も活発に行われてきたのであった。

多神教徒の偶像は破棄された。ユダヤ教徒の黄金の仔牛像や、キリスト教徒の三位一体説も同様である。さらにクルアーン後も、多様な実例は枚挙に暇がない。マッカで啓示が降ろされたヒラー山には、ここには何も別格に見るものはないという大きな看板が現在も登山口に立てられている。マッカ市内の預言者ムハンマドの生誕の地点には、マッカ図書館という看板が掛けられている。しかし入ることもできないのが実態であり、建物には、預言者誕生の場所ではあるが、そこを特別視してはならないという断り書きが掲示されている。

聖なる事物を認めるならば、それはアッラーの同列者として直ちに拒否し、排除されることとなるのだ。そこでは、聖概念が入り込む余地はないのである。ところで、神聖な、あるいは神性を帯びているというときには、アッラーの、という意味でアラビア語ではアッラーの形容詞形である「イラーヒー」という言葉がある。しかしイスラームでは、万物すべてがアッラーの創造の賜物《たまもの》であり、その統治と差配の下にあると理解するのであるから、あらゆる事物はイラーヒーであるということになるのである。それを聖であるとするのであれば、あらゆる事象と存在物はすべて聖であるということなのである。生も死も、聖なのである。

アッラーを直接の考察の対称として、アッラーは単一であると論じる文脈を除いては、イラーヒーという形容詞はあまりお目にかからない原因が、ここにある。それ以外ではイラーヒーという言葉は、どちらかというと異教の神への言及に際してしばしば登場するのである。

宇宙万物すべてがアッラーの働きであり、その結果であることを再認識すれば、自ずと特定のものが神聖であるという形容は必要なくなるであろう。そしてその際の修飾語としては、それに代わってその内実を示す用語、例えばハラム（禁忌のある）やカリーム（寛大な、最良の）が登場する段となるのである。

そこには後から人知が及ぶ余地は残されていないといえる。その意味で、新たに人が特定の地点を聖地とするとして指定することはまったく言語道断ということになるのである。この点は、どんどん新たな聖地が生まれてくる日本の慣行や習俗とはまったく異なっていることを確認しておきたい。聖者に関してもすでに述べたが、イスラームにおいてはそもそも「聖」者というカテゴリーは存在していないが、名士、指導者、救済者、高徳者などを一まとめにして考察したいという外界の研究者の知的必要性を満たすための概念ということなのであった。

三、最後に

以上において日本語で「聖」の文字がイスラーム用語の中に頻出させられているが、それらはいずれも原義にはないものであることが明確になった。要するにそれらは、日本的感覚の流用であるか、あるいは欧米流の holy の援用であった。そこで当然のごとくに自問しなければならなかったのは、果たしてイスラームに聖概念があるのか、という問題であった。その結論は、イスラームに聖概念はないのみならず、それはイスラームが最も強烈に拒否し、排除してきたものであるということである。

＊「クドゥス」は「聖」ではないというカイロ声明

最近、この聖概念拒否に関する興味深い議論があり、一つの声明として発出されるという出来事があった。しかしその話の前座として触れなければならないのは、holy など「聖」を訳す際に用いられることの多い、アラビア語の「クドゥス」という言葉である。それはユダヤ教で「聖なる家」と呼ばれていた神殿のあるエルサレムを、アラビア語にするときにも使用された単語であったことは、すでに見た。

エルサレムや「聖預言者伝承」の項目でもすでに見たとおり、「クドゥス」の原義は辞書的には「格別に清浄で無欠である」ということだ。ちなみにクルアーンには一〇回に渉りクドゥスとその派生語が出てくるが、七回はユダヤ教とキリスト教の関係で、三回はイスラームの関係だ。しかしそれら三回とは、いずれも「清浄無欠」をアッラーの特性の一つとして代名詞のように用いるか、あるいはアッラーの美称の一つとして出てくる場合に限られる。要するにその場合「清浄無欠」で指し示されるのはアッラー自身であるのだ。「聖」は神性あるもの、つまり換言すれば神以外のものであるから、これらの「清浄さ・無欠さ」を意味するクルアーンに出て来る「クドゥス」はやはり神性を帯びるという「聖」概念とは別物だということになる。

そこで先の声明文の話に移る。二〇一九年二月初めにカイロでイスラーム世界評議会の会合があり、最終セッションにおいて昨今のイスラームの動向を踏まえた総合的な見解がカイロ声明として採択された。[23] その中において、「クドゥス」概念に関してのパラグラフが入って、人や物を軽々に格別視すべきではないとして、クドゥス扱いするのは、アッラー、クルアーン、そしてハディースに止めるべきだと明言された。[24] この文書でも「クドゥス」とは格別の清浄さ・無欠さを指しているのであり、決して神性さを帯びていることでないことは明白である。さもなければ、「アッラーは神性さを帯びている」ものとして扱ってはならないと言うこととなり、それは文字通りの形容矛盾であることは、多言を要しないであろう。正面から「クドゥス」は「聖」ではないということを証言されたとも解される。

ア.「聖」に代わる訳語の提案

それでは、従来「聖」で日本語訳されてきた一群のイスラーム用語は、どのように訳すのが良いのであろうか。原則的な考えは、原義通りに翻訳するということであろう。だから「聖地マッカ」は、「禁忌のあるマッカ」となり、「巡礼の聖域」は「禁忌のある巡礼域」となる。

「聖者」に関しては、そのような範疇の人たちをひとくくりにする概念も用語もアラビア語にはないので、分析目的のこのカテゴリーをどう呼称するかは、当該研究者の自由ということになる。

他方、「クドゥス」の原義である「清」の文字を当てることで、相当こなせるケースは、ラマダーン月の「清月」であろうし、また「清魂」も十分機能しそうだ。さらには「清預言者伝承」も違和感は少ないと思える。エルサレムのアラビア語名は「アルクドゥス」だが、原語を使用しない場合は、固有名詞だから翻訳することもない。クルアーンの修飾語はハディース同様、「高貴な」とするか、あるいは修飾語なしでも問題ない。カアバ殿の形容詞についても、「栄誉ある」を入れても入れなくてもよい。

いずれにしても、最小限確保されねばならないのは、「聖」の一文字の誘惑に負けないことである。それは繰り返すことになるが、アッラーに同列者を置く「シルク」の嫌疑が掛けられることとなる代物であるからだ。

イ．日本の穢れ意識が「聖」好みを触発

最後に言語の土台にある、日本の宗教上の風土とも言いうる状況に言及しておかないと、この「聖」の一文字を巡る考察は完結しない。

イスラームでは清浄さは諸儀礼励行の前提であり重視されるが、それだけに不浄とは何かはイスラーム法の冒頭部分で詳細に定められている。人を除く陸上動物の死体、殉教者や魚類を除くすべての生物の血、体から出て来るもので膿、尿、精液などである。ただしより詳細には、法学派によって異説も相当ある分野である。

日本の風土では、穢《けが》れの観念は重要である。神道でも仏教でも、それから逃れることが信教の一大課題であるからだ。穢れは俗界の不浄なものであり、悪魔的なものに連動し、いつどこでその攻撃を受けるかは誰にもわからないものである。平生の生活にはそれは広く充満していると見られるのである。それだけに「聖」を好むということにもなるのであろう。日本では聖地は全国津々浦々にあり、「聖」の存在を奇異に思う人はいないのであろう。[25] 温泉の聖地やラーメンの聖地に至っては、商業目的が明白としても、なお人は拒否反応を示さないで好意的に見るからこそ、宣伝文句になるのである。

そこで彼我の双方を比べると、イスラームの不浄さは神道の穢れと相当重なって見えてくるのである。それだけに日本人として注意しなければならないのは、イスラームでは問題にならないケースについても、自然となじんでいる穢れ概念に陥ってしまいがちだということである。つまりイスラーム上の不浄や穢れを懸念する必要のないときにも、過剰にその意識を高める恐れがあるということだ。著者が目にしてきた実例を挙げよう。

イスラーム式の葬儀が都内のマスジドで執り行われた際のことである。死はイスラームでは不浄なものではなく、アッラーが魂を除かれた結果としてのあの世への移転に過ぎないのであり、人であれば必ず訪れる瞬間でしかない。しかしそのマスジドの玄関口にはご丁寧に清めの塩が盛られていたのだ。日本の葬儀会社の機転かもしれないが、その不適切さを指摘するムスリムの来場者は見当たらなかった。このようなこともイスラームの日本への伝播《でんぱ》に伴って見られる現象かとも思われた。

あるいは日本的慣行とイスラームのそれの衝突ともいえる事態が生じることもある。神社にアラブ・ムスリムを案内することは時々あるが、入り口の手洗い水で一揉めするのである。案内係りの神主さんは誰であれ入ってくる人には清めてほしいのだが、ムスリムは自分が不浄であるかどうかは知っている。そこで穢れがあると言われてもムスリムからすれば、完全な言いがかりとしか映らないのである。

以上の事例は実際に見ないままでは説得力か不十分かもしれないが、要はこのような感性段階にまで遡《さかのぼ》ってこそイスラームの本格的な理解が得られるのではないかという問題提起として読んでいただければ幸いである。飛躍するようだが以上の話と同様に、日本人の心の奥深くはびこっていると見られる汎神論的な感覚も、よく考えれば相当の外科手術を必要としているのかもしれないのである。[26] この点は、次章の絶対主の「単一性」の論点に連動してくる。

註

12 マッカ、マディーナの「聖地」に関しては、拙著『イスラームの原点――カアバ聖殿』国書刊行会、二〇一〇年。「聖地としてのマッカ」一九―三二頁参照。「聖地マッカ」の範囲を示す地図は、同書一〇頁に掲載。

13 拙著『イスラーム巡礼のすべて』国書刊行会、二〇一〇年、巡礼の聖域は、同書一五頁に地図を掲載。

14 『ハディース』牧野信也訳、中央公論社、一九九三―四年。全三巻。上巻三五九頁。

15 タキー・アルディーン・アルファースィー（一四六三年没）『シファー・アルガラーム・ビアフバール・アルバラドゥ・アルハラーム（禁忌ある街に関する情報の飢えの治癒）』ベイルート、二〇〇〇年。全二巻。第一巻六五―七二頁。

16 『サウジアラビア王国総合地図』サウジアラビア高等教育省、リヤード、一九九九年。三四頁。

17 拙著『イスラーム信仰とその基礎概念』晃洋書房、二〇一五年。所収、付録一「天地の創造と来世について」一五七―一七二頁。

18 ただしシーア派のイマーム論では、アッラーに一歩近い存在としてイマームを位置付けるので、スンナ派とは袂を分かつこととなる。

19 『イスラーム辞典』岩波書店、二〇〇二年。「聖者」の項参照、五五八―五六一頁。

20 「参拝の館」は通常、預言者イブラーヒームが居る第七層の天上にあるとされる。前出『日訳サヒーフ　ムスリム』第一巻一二四、一三〇頁。

21　因みに天使たちはアッラーをもっぱら賛美するが、自分の知性は持っておらず、人間よりは下の存在としてイスラームでは位置づけられている。

22　アブー・アルバカーィ・ムハンマド・ブン・アフマド・ブン・ムハンマド・ブン・アルディヤーィ（一四五一年没）『ターリーフ・マッカ・アルムシャッルラファ・ワアルマスジド・アルハラーム・ワアルマディーナ・アルシャリーファ・ワアルカブル・アルシャリーフ（マッカと禁忌あるマスジド及びアルマディーナと預言者の墓の歴史）』ベイルート、二〇〇四年。「天地創造以前のカアバ」、「天使たちのカアバ建造」二二―二七頁。

23　『アル・イスラーム』日本ムスリム協会季刊誌、二〇三号、二〇一九年五月発行。二七頁。

24　背後には、シーア派への対抗意識があったようであるが、その点は明言されなかった。

25　上野誠「日本人の聖地観――いつでもどこでも」、『宗教と現代がわかる本　二〇一六、特集　聖地・沖縄・戦争』渡邊直樹編、平凡社、二〇一六年。五〇―五三頁。

26　本章は、拙論「イスラームにおける「聖」の概念」、拙著『概説　イスラーム信仰論』明石書店、二〇一六年所収、一七九―一九七頁、を補足改訂したものである。

第三章　タウヒード（単一性）・シルク（並置）関連

イスラーム全体の中軸であるアッラーを確かに認識すること、すなわち覚知することは、日々の信者の義務であり、全生活の原点と言える。そのような覚知の究極のポイントが、それは他者の並置を許さない、単一の絶対者であるということに尽きる。それすなわち、一神教の本髄をなしていることも言うまでもない。本章では、このような単一性と、その正反対である並置の両用語の深く広い含蓄を対比しつつ検討する。そうすることで、アッラーの正しい全体像を浮き彫りにすることにもなるであろう。

主は絶対であり、絶対ということは、それがすべてを超越しているのであるから、単一であることと同義ということになる。そしてこの唯一絶対な主にひたすら帰依するという教義が、一神教の真髄である。そのような主と同列、あるいは類似した存在を認めることはあり得ないという論理的な帰結も導かれる。アッラーの同列者や類似物は、すなわち並置される同類（シルク）として拒否され、抹消されることとなる。これも論理的帰結ということになる。イスラームには「聖」はないことは前章で見たとおりであるが、その論拠も究極のところ、同類を認めないということに尽きていた。

そこで本章では、すべての中核である絶対主の「単一性」というテーマから始めることとする。以下の叙述においてクルアーンの引用が多くなるが、クルアーン全体がタウヒードの教えであるということはよく言われるので、ここに特記しておこう。[27]

ただしその前に、日本で絶対主アッラーが抵抗感なく自然体で受け止められるようにする一工夫があった方が良いかと思われる。日本からは歴史的文化的にそれほど遠い存在であったし、日本古来の慣習や習俗になじまない側面が少なくないのである。

一、アッラーと物事の存在感覚

アッラーについて違和感を払拭するためにまず言及したいことは、イスラームにおける人間存在に関する感覚が、日本と全く異なるということである。わが国の場合、宇宙や存在の始まりについて深刻に考える風潮は古来あまりなかった。その最大の理由は、仏教的な生々流転、あるいは因果関係の連鎖として縁起の法則の中で発想することが一般的だったからであろう。行く川の流れで眺める姿勢である。そこからは、物事に逆らわない従順な姿勢が導かれ、協調性重視の伝統も育まれてきた。非常に静態的である。

ところがこれと正反対なのが、絶対主による天地創造を説く中東の一神教の発想である。「有れ」という一言の命令で、すべてが創り出され、存在してきたのである。だから無から有への一大変化がまずあって、次いでそこに有ってはならないものを排除するのである。非常に動態的である。

イスラーム諸国ではこちらの顔を覗き込むようにして、「日本人はこの不可思議な身体はどうして有って、一体誰が何のために創ったと考えるのかね？」と聞かれることがよくある。その度に、日頃思いもしない問題だけにドキッとして、彼らの意識の方向が存在の第一原因であり、無から有を創る主へ向かっていることに気付かされるのだ。このように生活感覚からして、第一原因を模索するパターンであって、それがアッラーを奉《たてまつ》る土台となっているのだ。

そこが日本にありうるイスラームに対する違和感、もしくは異質感の原点であろう。またしばしば言われるのは、日本では八百万《やおよろず》の神がおられるという汎神論に近い感覚が支配的なので、アッラーのような一神教にそもそもなじめないといった風土論である。イスラームでありアッラーの本当の理解は、机上の神学論争ではなく、どうもこのような風土論や物事の存在感といった土台にまでさかのぼる必要があるのだろう。

そこでアッラーについて、よく言われることではあるが、一般的な描写を試みてみよう。イスラームは明けても暮れてもアッラーに集中していると言える。それを敷衍すれば次のようになる。永遠の主であるアッラーにすべてが依拠している事実を明澄に認識して、日々の言動をその確信に基づかせること。そしてこのアッラーこそ、有形無形のすべての事物の根拠であり原因であり、それらすべての成り行きを決めて実施され、監視されているのである。人間にとって最終的な裁きとなる最後の日の審判も、その重要な一幕である。

こういう状態の表現としては、アッラーを愛すると言われる。ここで愛するとは、アッラーを意識し、敬い、そして従うといった三側面を含む。その延長としては、クルアーンの上には物を置かないとか、礼拝の方向には足を向けて寝ないといった礼儀作法の教えがさまざまに展開される。

さらに念のために、別表現をしてみよう。アッラーは宇宙の総指揮者とも言えるだろう。それを裏から言うと、単一のアッラーを知ることがイスラームであるということにもなる。アッラーの永劫の偉大さの前では人は謙譲の美徳を知り、その広大な慈悲に触れて、それが自らの周囲にも行き渡ることを願うのである。それが人の情けである。また他に同類も存在せず、アッラーと並べられるような存在はそもそも全くありえない。こうしてアッラーの単一性と表裏一体なものとして、その逸脱であり違反行為である並置（シルク）に関する議論が起こったのは必然であった。

本章の目的としては、タウヒードやシルクといった用語の意味合いや、その広がりを見ると共に、唯一絶対なアッラーへの理解が感覚的にもなじみやすいものとなることを期待したい。

二、タウヒード概論

タウヒードとは一般的には、統一あるいは単一化するという意味である。統一された結果として唯一なのだから、タウヒードは「唯一」とも訳される。イスラーム信仰上の意味内容としては、以下の通り大きく三つの側面に分けて捉えることとなる。

第一は、アッラーは万有の創造主として単一であるということ。これは主（ラッブ）からの派生語で、タウヒード・アルルブービーヤ（主人の単一性）と呼ばれる。アッラーはすべてを創造され、すべてを所有され、活かし殺され、益し害され、全能であられると信奉するのである。アッラーは全てに恵みを与えられ、あらゆる事柄に対して命令を下される。人はその僕という立ち位置を占めることとなる。

第二は、アッラーは崇拝の対象として単一であるということ。これは神（イラーフ）からの派生語で、タウヒード・アルウルーヒーヤ（神性の単一性）と呼ばれる。アッラーに同列者を置くことや他の対象を崇めることは、不信にほかならない。また預言者を遣わせて、人類に伝えようとされたのは、この一事実に他ならなかった。

第三は、アッラーの美称や属性はバラバラではなく、単一であるということ。なぜならアッラーは完璧なあらゆる属性で語られ、欠けるところのあるあらゆる属性からは縁遠いものであるが、そういう状態にあるのはあらゆる存在の中でただ一人であるからである。クルアーンに出て来るか、あるいは預言者ムハンマドが言及して確認されたあらゆる美称や属性を、そのまま全体として信奉することが求められる。これは、タウヒード・アルアスマー・ワ・アルスィファート（美称と属性の単一性）と呼ばれる。

タウヒードはそれが論理的な帰結であるとは言っても、歴史的には大いに説論の中核を占めてきた。それほどにそれに対抗する多神教の勢いが強かったと、容易に想像されるのである。従って古典もあれば現代のものもあり、古くより多数の学識者によって極めて喧《かまびす》しく議論されてきた。最近出版されて著名なのは、ワッハーブ運動の創始者アブド・アルワッハーブ（一七九一年没）の手書き原稿の校訂本である。[28] その内容の大半は、クルアーンや預言者伝承の集成からなっている。ただしそれは多くの古典の手法でもある。また同書に対する注釈書やそれらの欧米語への翻訳書も、続々と出された。

次いでは、サウジアラビアのイスラーム学者協会のメンバーで六〇冊以上の著作のあるサーリフ・アルファウザーン（一九三五年生まれ）が著した『タウヒード論』は引用の集成ではなく、専門書ながら信仰研究への導入から筆を起こして、古典的文献全体を吸収し総合するかたちでの親切な記述になっている。ただしその翻訳書は出ていない。また同氏の『正しい信心への指導とシルクと背信の人びとへの回答』も簡潔に要点を叙述している。現代スンナ派という立場であるが、それらに基づいて議論の全体を見ることとする。[29]

三、タウヒード詳論

(一) アッラーは唯一の創造主であること

ア. 含蓄の再確認

唯一の万有の創造主であることは、クルアーンに何度も繰り返されている。

「**アッラー**は、すべてのものの創造者であり、またすべてのものの管理者です。」（集団章三九：六二）

またそれはすべてへの恵みの主であり、生きるも死ぬも意のままであるから、絶対の主なのである。

「**アッラー**にその糧をもらっていない地上の生き物はいません。」（フード章一一：六）

「**アッラー**よ、王権をつかさどる方よ。**あなた**は御心のまま人に王権を与え、**あなた**は御心のまま人から王権を取り上げられます。また**あなた**は御心のまま人に名誉を与え、**あなた**は御心のまま、人に恥辱を与えます。善いことは**あなた**の手中にあります。本当に**あなた**は、すべてに対して全能なのです。**あなた**は夜を昼の中に入らせ、昼を夜の中に入らせるのです。**あなた**は、死から生をもたらし、生から死をもたらします。**あなた**は御心にかなう人に、限りなく糧を与えるのです。」（イムラーン家章三：二六、二七）

アッラーは自身で、他に並び立つ者を拒否しておられる。

「もし**かれ**がお恵みを止れば、あなた方に恵むのは誰でしょうか。」（大権章六七：二一）

クルアーンでアッラーの絶対主であることを拒否した事例として頻出するのは、エジプトのフィルアウンであった。他方、現代におけるそれは、共産主義者や唯物主義者であろう。彼らは、存在には創造者がいなければ存在しないし、影響があればそれを及ぼす者がいるはずだということが分からないのである。

「それともまたは、かれらは無から創られたのか。それともまたは、かれら自身が創造者なのか。それともまたは、かれらが諸天と地を創造したのか。いや、かれらには信仰がないのです。」（山章五二：三五、三六）

イ．フィトラ（天性）により、アッラーに従うこと

天性に従って、すべてはアッラーに服従しているのである。その意思に反して行動を取っているものはいない。しかしこの状況を不信者は理解できない。

「だから、あなたの顔を一心に教えに向けなさい。（その教えは）**アッラー**が人間に賦与された天性（の宗教）なのです。**アッラー**の創造したものに変更はありません。それは正しい教えです。でも、ほとんどの人びとは知らないのです。」（東ローマ人章三〇：三〇）

「七つの諸天と地、またそれらの間にあるものは、**かれ**を称えます。**かれ**を、称賛（の言葉）をもって賛美しないものは何もありません。ただしあなた方は、それらがどのように賛美しているかを理解していません。」（夜の旅章一七：四四）

「かれらは**アッラー**の他に、従うものを求めるのでしょうか。諸天の中にあり地の中にあるも

のは、好むと好まざるとに関わらず、**かれ**にのみ服従するのです。かれらは**かれ**に帰されるのです。」（イムラーン家章三：八三）

ウ．理性的なクルアーンの手法

・結果のあるものには、原因のあること。

子供でも殴られれば、誰がそうしたかを問うであろう。万物を創造した者は誰なのか？　それへの回答が、クルアーンに示されているのである。

「かれら（非信者）が、**アッラー**の他に祈るものたちは、何も創造しません。しかもかれら（偶像）自身は創られたのです。」（蜜蜂章一六：二〇）

・世界の整序立ったこととその規範

広大な全世界に秩序があり、全存在は混沌状態ではない。それは創造の主は一人であるからだ。主に子孫がいたり、それ以外に主がいるならば、それらの間に競争関係が生じるであろう。それは現世と同様、あらゆる混乱の原因となるはずだ。

「**アッラー**は子をもうけません。また、**かれ**には他の神もいません。もしそうであったら、それぞれの神はかれらが創ったものを独り占めして、互いを支配しようとするでしょう。かれら（多神教徒たち）が配するものの上に、高くおられる**アッラー**に称賛あれ。」（信者たち章二

三：九一）

・万物にそれぞれの責務を果たさせられること

自らの益を求め、害を避けようとする行動を誰でも取るし、それは動物でも同じことである。しかしそれはアッラーがすべてを適切な姿に創造され、創造されたものをその創造の目的に従って導かれているということである。それは逆に言えば、それぞれがその責務を果たしていることと同義である。

「かれ（フィルアウン）は言いました。あなた方二人の主とは誰なのか。ムーサーよ。かれ（ムーサー）は言いました。わたしたちの主こそは、全存在に形を与えた方で、さらにそれに導きを与えた方です。」（ター・ハー章二〇：四九、五〇）

・創造主の単一性は、崇拝の対象の単一性を必然とすること

上述してきたアッラーは万能で単一の創造主であることは、それ自体が崇拝の対象としてのアッラーの単一性を必然にするものである。なぜならば、アッラー以外は崇拝するに値しないということが判明するからだ。

「それが**アッラー**であり、あなた方の主です。**かれ**の他に神はいません。すべての創造者です。だから**かれ**に従いなさい。**かれ**はすべてのことを管理なされるのです。」（家畜章六：一〇二）

創造主の単一性を認めても、礼拝の対象の単一性を認めない人々もいたのであった。しかし

それでは、証拠があるのを認めてもその証拠が証明する事柄を無視するようなものである。「(ムハンマドよ) 言いなさい。空と地から、あなた方に糧を供給するのは誰なのか。聴覚や視覚を支配するのは誰なのか。死んだものから生命をもたらし、生命から死をもたらすのは誰なのか。そして万物を統御するのは誰なのか。かれらは、**アッラー**と言うでしょう。ならば(預言者よ) 言いなさい、なぜあなた方は、(**アッラー**を) 意識しないのですか。」(ユーヌス章一〇：三一)

(二) アッラーは崇拝の対象として単一であること

ア．預言者の唱導の目的

崇拝される対象の神であること (ウルーヒーヤ) という言葉の語源は、神 (イラーフ) であり、アッラーはウルーヒーヤの所有者・主であるということは、アッラーは崇拝される対象である神であると言っていることになる。

崇拝は帰依の行いであり、それには種々ある。礼拝はもとより、祈願、唱念、畏怖、依拠などがある。多神を捨てて、それを単一にすることは、預言者の唱導のすべてでもあった。

「あなた以前にも**われら**は、**わたし**の他に神はいない、だから**わたし**に仕えなさいと、かれ

（使徒）に啓示しない限りは、いかなる使徒も遣わしませんでした。」（預言者章二一：二五）

「確かに**われら**は、ヌーフをかれの民に遣わしました。かれ（ヌーフ）は言いました。わたしの民よ、**アッラー**に仕えなさい。**かれ**の他に神はいません。」（高壁章七：五九、六五、七三）

「わたしは**アッラー**に、信心の誠を尽して仕えるよう命じられ、またわたしはムスリムの先達であるよう命じられているのです。」（集団章三九：一一、一二）

このようにアッラーのみへの帰依は、下僕の第一の義務である。

「**アッラー**とは別に神を作ってはいけません。さもないと、あなた方は恥辱を被り、見捨てられるでしょう。またあなたの主は、告げられました。かれの他に崇拝してはいけません。」（夜の旅章一七：二二、二三）

イ．信仰証言の言葉

・信仰証言の前半の、「アッラー以外に神はない」という意図は、アッラーにしか崇拝される正当な権利はないということである。しかしそれは、万物は一体であるとする、存在一元論者の誤った主張とは全く異なる。

次いで「ムハンマドはアッラーの預言者である。」ということは、ムハンマドはアッラーの下僕であり全人類への預言者である、従って彼の伝える言葉は信頼されるべきだという意味内容である。

・信仰証言には、否定と肯定の両者が入っている。「神はない」と、「アッラー以外に」という両者である。否定と肯定の双方で補強しあっている状態は、次の節の論理構成も、同様である。

「邪神（ターグート）を拒否し**アッラー**を信仰する人は、決して壊れることのない最強の取手を握りしめたのです。」（雌牛章二：二五六）

また「アッラーの預言者である。」とは、ムハンマドは人としておよそ考えられる完璧な資質を備えているということである。しかし彼は人間であり、従って崇拝の対象ではなく、またアッラーの専権事項についてお願いする相手ではないことも意味する。しばしば人はムハンマドを崇《あが》め、彼の人としての能力を超える問題について助力を求める間違いを犯してきた。

ウ．帰依するということ

帰依することは、自らを最も低からしめることであり、同時にそれはアッラーへの敬愛の姿でもある。礼拝などいろいろの勤行《ごんぎょう》の所作はもとより、一般的には目に見えるか、見えないか、あるいは外見であるか、内心の問題かにかかわらず、アッラーが愛され喜ばれるすべての言動を指している。あらゆる形態や所作を含むということは、睡眠、食事、売買行為、結婚など何であれ、その意図がアッラーに仕える行為であれば、それは帰依の所作ということになる。人間の創造自体、帰依させることが目的であったといえる。

「ジンと人間を創ったのは、**わたし**に仕えさせるため。**わたし**はかれらに糧を求めず、また扶養されることも求めません。**アッラー**こそは、糧を授けられる方であり、偉力の持ち主で、堅固です。」（撒き散らすもの章五一：五六、五七、五八）

（三）アッラーの美称と属性は単一であること

ア．クルアーンと預言者伝承と理性による証拠

アッラーには九九の美称があるが、それらの美称を唱念し心で玩味《がんみ》することで、アッラーの偉大さや素晴らしさを感得するという手法である。それらの美称は一つの本質を臨むために設けられた小窓のようなものであり、意識を俊敏にしてアッラーの威光を眼前にしようとするときに、その前に視野が開かれることとなるのである。ただし九九という数字は、いわば無限大を示唆する意味があり、それに限定されるという趣旨ではない。だが美称を数え上げる作業は、これ以上は打ち止めということになっている。

「**アッラー**に最もすばらしい美称は属します。だからこれら（美称）で、**かれ**を呼びなさい。」

（高壁章七：一八〇）

「**アッラー**、**かれ**の他に神はいません。**かれ**にこそ最上の美称はあるのです。」（ター・ハー章二〇：八）

預言者伝承にも、アルブハーリーとムスリムの両伝承集に掲載されたものとして、以下のものがある。

「**アッラー**には、九九の美称がある。一〇〇に一つ欠ける数だ。それを勘定した人は、天国に行くであろう。」

またそれぞれの美称からアッラーの属性が導かれる。知識のある者という美称からは知識という属性、賢明という美称からは知恵という属性が、アッラーに見出されるということになる。また理性的に考えると、主の様々な素晴らしさが了解されてくるのである。例えば、膨大な数の被創造物が秩序正しく運営され、生息していることから、絶対主の能力、知識、知恵、意思、計画性を知ることになる。また快楽、善行、苦労の軽減などには、アッラーの慈悲、尊崇さ、優良さを見ることができる。さらには翻意に対する罰や報復には、アッラーの怒りや嫌悪を見出す。最後に、帰依する者に報奨があることに、アッラーの喜びと愛情を感じ取ることができる。それぞれがアッラーの属性の表出ということになるのである。

イ．美称と属性を否定する者への回答

美称も属性も否定する一派（ジャハム派）、美称は名目に過ぎないとして属性を否定する一派（ムウタズィラ派）、美称と属性を被創造者に使用している諸例があるので、一部を否定する派（アシュアリー派やマートゥリーディー派）などが出てきた。中には、美称や属性を比喩的に解釈することで両者の併存を説明する見解も出された（例えば「手」を「恵み」、「顔を「本質」と解釈するなど）。

こうした人たちへの回答として、以下が挙げられる。

・クルアーンと預言者伝承に明記された事実は無視できない。

・人間がアッラーと同じ美称や属性の用語を使用したとしても、それだけでは何ら同列に配したことにはならない。事実、アッラー自らが人間にそのような用語を使用されたという事例は、クルアーンに出てくるところである。

「それで、**われら**は寛容な男の子の吉報（懐妊）を伝えました。」（整列者章三七：一〇一）「寛容な」というアッラー自身の美称と同じ用語が使用されて形容されたこの人物は、イブラーヒームの長男イスマーイールである。

「かれに賢い息子が授かるであろうとの吉報を伝えました。」（撒き散らすもの章五一：二八）「賢い」とはアッラーの美称の一つであるが、その美称と同じ用語で形容された人物は、イブラーヒームの次男イスハークである。
あるいはアッラー自らが呼称された美称で、人間を指して呼ばれた事例もある。
「**アッラー**は全聴にして、すべてお見通しなのです。」（婦人章四：五八）
ここに言う視聴覚の用語は、次のように人間を指す場合にも使用されている。
「人間を創造し、聴覚と視覚を与えました。」（人間章七六：二）
さらには同じ属性の言葉を、アッラー自らと、また人間にも使用された例はつぎのとおりである。
「確かに**アッラー**は、人間に優しく、慈悲深いお方なのです。」（巡礼章二二：六五）
「かれ（ムハンマド）は信者たちに優しく慈悲深いのです。」（悔悟章九：一二八）
さらには同一の属性の用語を、アッラー自らと人間の場合の双方に使用された諸例が見られる。「知識」（雌牛章二：二五五、夜の旅章一七：八五、ユースフ章一二：七六、物語章二八：八〇）や「力」（巡礼章二二：四〇、撒き散らすもの章五一：五八、東ローマ人章三〇：五四）といった諸例である。
こうして美称や属性の同一用語の使用は見られるが、それはアッラーと人間の同列視には当たらないのである。否、現実は両者の間には雲泥の差があるのは、言うまでもない。
「何も**かれ**に似たものはありません。」（相談章四二：一一）

四、シルク論の展開

歴史的には偶像崇拝を廃止し、他宗教の攻撃から自らを守らなければならなかったイスラームは、アッラーへの全幅的信奉を強調すべき立場におかれたことは明らかだ。しかしそのような歴史的、ということは一時的な事情だけが、タウヒード論を推進する原因ではなかった。むしろ日々変化する人間社会の諸相にこそ、多神を生じさせる火種が潜んでおり、揺れ動く人の心に大きく重い錨《いかり》を常に植えつける必要があったことを十分念頭に置くべきであろう。

そこでふわつく人心から多神を生じさせないための注意喚起も極めて熱心に行われてきたのであった。それがシルク（並置）論である。シルクは、アッラーと同等あるいは同類の存在を認めることである。どうして、どのような場合に、どのようなシルクが生じるのか、あるいは生じやすいのかといった問題の検討が、理論的、経験的に進められたのであった。

シルク論は、いわばタウヒード論と表裏一体の位置付けになると言えよう。そして以下においては、前述したアルファウザーン著である、『正しい信心への指導とシルクと背信の人びとへの回答』という、簡潔ながらシルク論に相当特化した著作も参照しつつ進めることとしたい。ちなみにここで日本を振り返ると、シルクへの誘惑に満ちていることが、読者にも意識されるだろうか。

（一）シルクの定義

アッラーの他に主を認め、アッラー以外に崇拝するものを設けることである。一番多いシルクの例は、崇拝の対象が単一であるとするウルーヒーヤに対する事例である。それは家畜の犠牲という儀礼かも知れないし、あるいは人の畏怖、願望や敬愛といった感情面かもしれない。

それは最大のアッラーに対する不正である。不正とは、何かがあるべきところにないという事態全般を指す言葉で、崇拝がアッラー以外になされることを含む。

「息子よ、**アッラー**に同位者を配してはいけません。同位者を配することは、真に重大な不正なのです。」（ルクマーン章三一：一三）

最大の不正であるのは、アッラーはそれを赦すことはないと明言されたからである。

「本当に**アッラー**は、**かれ**に並置されることは赦しません。でもそれ以外のことについては、御心にかなう人を赦されるのです。**アッラー**に並置する人は、誰でも大罪を犯しているのです。」（女性章四：四八）

そしてそれは最大の不正として、地獄行きは必定であり、それまでにあった善行などは全て帳消しになる。また地獄での嘆願は聞き入れられることはない。

（二）シルクの種類

大シルクは、共同体から追放され、地獄に永遠に住むことになる。小シルクは大シルク以前の段階で、共同体からの追放はなく、地獄へ行っても永住が決まっているわけではない。また無効になるのは当該の行為だけであり、それまでの全てが帳消しになるわけではない。

そしてこの小シルクには、二種類ある。一には、言動に現れる場合である。例えば言葉であれば、「これはアッラーの恵みであり、またあなたの恵みだ。」といった表現、あるいは行動ならば、魔除けの輪の使用などである。しかも魔除けの効果が自力だと考えるのであれば、それは大シルクとなる。

二には、外見には現れなくても、例えば礼拝をする時など内心で、見栄や評判を気にするような場合である。つまり崇拝行為に、アッラーへの帰依以外の心情を混在させる問題である。金銭目的でする説教なども同様だ。

「イスラーム以外の宗教を求める人は受け入れられません。またかれらは来世において損失者なのです。」（イムラーン家章三：八五）

（三）シルクの諸例

ア．預言者が挙げたシルク回避の注意点

・表現方法で、例えば「アッラーとあなたが望まれるならば。」と並置しないで、「アッラー、次いで、あなたが望むならば。」として、アッラーとそれ以外のものを同列に置かないこと。

・「アッラーに平安あれ。」といった表現は、アッラーと人間の関係や立場を踏まえていない。また「お望みならば、どうかお赦し下さい。」も同様であり、アッラーが望まれるかどうかは、アッラーの自由にされる専権事項であり、願いは直接それを言えばいいので、「望まれるならば」とまで言うのは余計な口出しであり、やはり立場をわきまえていないということになる。

・墓に石碑を建立することや、ドームなどでの飾りを控えること。また墓廟を礼拝堂にしないこと。

・太陽の出入りを、礼拝の時間の目処にしないこと。また崇拝のための旅は、マッカ、マディーナ、エルサレムのマスジド行きに限ること。

・イーサーについてされるような過剰な称賛を、自分（ムハンマド）に関しては避けること、自分は下僕に過ぎないのだ。これは教友、さらには被造者である、すべての人間に関しても当てはまる。

「すべての世界への警告とするため、その僕（ムハンマド）に（善・悪や合法・非合法の）識別（クルアーン）を徐々に啓示されたお方（**アッラー**）に、称賛あれ。」（識別章二五：一）

「**アッラー**に、すべての称賛を捧げます。**かれ**は、**かれ**の僕にこの啓典を啓示した方です。」（洞窟章一八：一）

・形状を伝える絵画、彫刻、銅像や浮き彫りなど。

イ．シルクの種々の実例

【大シルク】

・アッラーへの畏怖心ではなく、それ以外の悪魔や死人などが悪運を付けることなどを恐れること。ただしアッラーへの畏れは最後の審判の懲罰に対してであるが、同時に報奨に対する喜びや主への敬愛の心と連結しているものである。

・アッラー以外に依拠すること。代理人に依拠するにしても、アッラーがその代理人を支援されることについて、アッラーに依拠するのでなければならない。

・イスラームに反する指示や判断を示す、指導者、イマーム、学者などに服従すること。
・アッラーに関して、悪意を持つこと。
「一方(別の)一派はかれら自身のことに心を奪われて、**アッラー**について正しくない(イスラーム以前の)ジャーヒリーヤの無知な考えを言うのです。」(イムラーン家章三:一五四)
「また(勝利は)**かれ**が、**アッラー**について邪な考えをもつ偽信者や多神教徒の男女を苦しめるためです。これらの者は悪相に囲まれます。」(勝利章四八:六)
・アッラーへの言及があるクルアーンや預言者伝承、またはそれらを扱う人たちを軽蔑すること。

【意図や仕方によって、大小の別があるシルク】
・幸運の輪や糸を巻くこと。あるいは、魔除けのお守りを子供などに付けさせること。クルアーンの小さい一部をぶら下げることについては賛否両論あるが、それ以外の物を身に付ける可能性を大きくすることもあり、否定的に判断される。
・樹木、遺跡、祠などを恵みの源泉として見なして、崇拝行為をすること。これは多くの場合、大シルクに当たる。

・占いや魔法の類。薬を使ったりすることも含まれる。人に悪運を祈願することも含まれる。また星占い、手相判断などもある。
・雨が降ることやその他一般に幸いな事柄を、アッラー以外の配慮と恵みに帰して感謝すること。
「かれらは**アッラー**の恩寵を知ったうえで、なおそれを拒否しています。(結局)かれらの多くは忘恩な人たちなのです。」(蜜蜂章一六:八三)

【小シルクとなることが多い場合】
・アッラー以外に対して誓約すること。
・失敗の原因を、時間や風などの自然現象のせいにすること。アッラーの専権事項を原因とすることは、人の領域を越えている。
・過剰に「もし仮に……」と仮定する話法。シルクとなる理由は、仮定するにしても、人には分からない事情がありうるし、それはアッラーにしか知られていないケースも多いから。
・「アッラーに平安あれ」と唱えること。アッラー自身が平安であり、アッラーが信徒にとっての危険や悪の除去をされるから。

・大シルクとなる可能性が多分に生じるのは、祖先の風習を墨守《ぼくしゅ》する場合である。祖先が誤った神々を崇拝していないかどうかが問題となる。
・信仰証言を唱えればそれで天国行きは間違いないと思い込んでいる人も少なくない。それとイスラームの社会にいる限り、もはやシルクのない安全圏内だと思い込んでいる人も多い。
・アッラーの赦しをえるために、アッラー以外に執《と》り成《な》しをしてもらいたいと願っている人が少なくないが、これもシルクになる。執り成しはアッラーの専権であり、そのためのお許しがなければ、天使もそれはかなわない。
「かれらは**アッラー**の他に、かれらを害せず、また益ももたらさないもの（多神）に仕えて言うのです。これらは**アッラー**の御元におけるわたしたちの執り成しなのですと。」（ユーヌス章一〇：一八）
「執り成しのすべては、**アッラー**に属するのです。」（集団章三九：四四）
「諸天にどれほど天使がいても、**アッラー**が望み、そのご満悦にあずかる人に対するお許しが出た後でなければ、かれら（天使）の執り成しは何の役にも立ちません。」（星章五三：二六）

（四）ビドア（逸脱）論の要点

シルクはアッラーに並置することであるが、そうすることでイスラームのあるべき姿から逸脱することとなる場合は、ビドア（逸脱となる新規の言動）と呼ばれる。重なるものがあるのは当然であるので、以下ではこのビドアに関して要点だけを記すこととしたい。なお当然ながら、シルクであれビドアであれ、そのような疑念を持たれた人は恐れおののき、その言葉には信者の心を寒からしめる響きがあることは忘れられないところである。

ア．定義と種類

一般には、先例もない新規なこと。イスラームに関するものは、クルアーンにも預言者らの慣行にもない新規は誤道であり、正道からの逸脱なので禁止される。それには、言動（思想、儀礼行為など）が含まれる。

しかしクルアーンの収集をすることなどは、新規とは言っても、そもそも問題のない行為なのでビドアには当たらない。預言者伝承を集めることも同様である。

墓を建造し墓参することはシルクであると前述したが、同時にビドアにも当たる行為とみなされる。崇拝対象であるアッラーに同類を見出すことはシルクであるし、それは同時に新規な逸脱行為でもあるということになる。

イ．ビドアの原因

教義の無知、妄欲に従うこと、人や思想に隷従すること、不信仰者に従うことなど。

ウ．昨今のビドアの状況

イスラームの初期よりビドアの問題は、常に生じてきたのは周知のところである。当初よりの宗派的なものとしては、シーア派、ハワーリジュ派、ジャハム派、ムウタズィラ派、アシュアリー派、マートゥリーディー派の動きがあった[30]。

以下において、最近の事例を列記する。

・預言者の誕生祭——ラビーウ・アルアウワル月に行われるが、これはキリストの誕生祭を真似たものである。預言者ムハンマドに対する、過度の称賛も禁じられるべきビドアである。その際の、唱歌の合唱や、太鼓の演奏もビドアである。さらにこの祭りは、他の指導者などの誕生祭を誘発する点でも、取り締まるべきである。

・特定の場所、遺跡、人物からの恵みを請うこと——恵みはアッラーのされることであり、それ以外からの恵みを請うことは、シルクであり、ビドアになる。ヒラー山など、預言者所縁の地を特別視しないように、宗教省の注意書きが掲示されている。

・諸儀礼におけるビドア行為――礼拝で大声を上げること、礼拝後に集団の唱念をすること、食事を提供しクルアーンの読唱者を雇って葬儀をすること、二大祭以外の祭りをすること（預言者の夜の旅など）[31]。

27　ユダヤ教徒は黄金の仔牛像を崇拝したので信仰の道を逸脱した、キリスト教では神の子を認めたが三位一体は口にするな、とイスラームは言う。同じ一神教とされてもイスラームの立場は、最も厳格であるということになる。ここでは比較宗教の視点は前面には出していないが、イスラームの単一性の議論の背景として特記される。

28　ムハンマド・ビン・アブド・アルワッハーブ、『キターブ・アルタウヒード・アルラズィー・フーウワ・ハック・アッラーヒ・アラー・アルアビード（主人の僕に対する権利としての単一性の書）』リヤード、イマーム・イスラーム大学、一九九六年。

29　サーリフ・ビン・ファウザーン・ビン・アブドッラー・アルファウザーン、『アキーダ・アルタウヒード（タウヒード論）』リヤード、ダール・アルアーシマ社、一九九九年。同『アルイルシャード・イラー・サヒーヒ・アルイゥティカード・ワアルラッド・アラー・アフル・アルシルク・ワアルイルハード（正しい信心への指導とシルクと背信の人びとへの回答）』カイロ、アルダール・アルアーラミーヤ社、二〇一二年。

30　シーア派以外の諸派の特徴は以下の通り。ハワーリジュ派は、大罪を犯した者は不信仰者であるとして、過激な一部の人たちが第四代正統カリフのアリーを殺害した。ジャハム派はジャハム・イブン・サフワーン（七四六年没）らのアッラーの属性否定を旨とするが、詳細不明な部分が多い。ムウタズィラ派は九世紀から一〇世紀に興隆したが、論理的議論を展開。その論理一点張りを克服しようとしたのが、合理的な思弁を旨とするアシュアリー派で、今日まで継承されている。最後のマートゥリーディー派は、アシュアリー派と並んで正統と認められているが、その立場は自由思想を認めるムウタズィラ派と属性を認めるアシュアリー派の立場を併呑している。

31 本章は、拙論「タウヒード（単一性）について」、『イスラーム信仰とその基礎概念』晃洋書房、二〇一五年。一一三―一三五頁に所収の節を増補改訂した。

第四章　ラフマ（慈悲）・アドル（正義）関連

イスラーム全体は万物の創造という存在論であり、復活と最後の審判いう終末論である。他方それは信者の現世における日々の生活指針であり、倫理道徳上の徳目も提供する。ただしそれはすべて、アッラーの命令が根拠になるところは、日本での道徳観念と異なっている。徳目という価値が明確に提示されているのは、非常に大きな心の支えであるが、その中でも慈悲と正義が際立っていると言えよう。本章では適切な和訳語の探求を含めて、それらの用語の検討をする。

本章では、イスラームの二大価値とも言われる、ラフマ（慈悲）とアドル（正義）をテーマとする。いずれもその内容の把握に努めるとともに、特に前者に関しては適切な日本語訳を検討する。後者に関しては、「正義」概念のいかに抽象的であり、したがってそれはとても政治的な直接行動の根拠になる代物ではないという性格を確認することとなる。それを言い換えれば、倫理的正義と法的正義を峻別する必要性である。

一、ラフマ（慈悲）

（一）ラフマの中心性

ラフマ（慈悲）という用語は種々の活用をしながら、クルアーン中に頻出してくる基本的な教えであり概念である。それどころか、イスラームは戒律重視ではなく、そもそも慈悲の教えであるとの見解も強調されることが多くなった。イスラーム法の厳格な適用を求める過激派の主張に対抗する必要があったからだろう。

いずれにしても、この用語がいかにイスラームの中心的な位置付けにあるかは、改めて復唱するのも憚《はばか》られるほどである。イスラームとは「ラフマ」の教えであると広く言われるし、またクルアーン第一章にいきなり出て来る言葉にもなっている。

「慈悲あまねく、慈悲深い**アッラー**の御名において。すべての世界の主であるアッラーに、すべての称賛を捧げます。慈悲あまねく、慈悲深いお方で、最後の審判の日をつかさどる方です。」（開端章一：一—四）

なおアラビア語では「ラフマ」というひとつの名詞から、広さを強調するラフマーンと深さを強調するラヒームという二つ強調形が派生した。両者は同根であるので、訳語としては同じ慈悲ではあるが「あまねき」と「深い」として、形容詞で区別されることが多い。

ア．定義

ラフマの辞書的な意味は、次のように言われる。「それは人の心の繊細さであり、同情心であり、アッラーの善行（イフサーン）であり、細やかさ（リッカ）である。[32]」

ちなみにここでいう、「善行（イフサーン）」とは、アッラーがされる善意の行為全体を指すと理解される。しばしばイフサーンは信者の一心不乱の善行三昧の状態（信仰の最高段階）か、またはその善行そのものを指す言葉であるが、ここではそれがアッラーにも応用されているのである。もちろんアッラーは悪意の行為をされるのではないが、災害さえも信者を試す行為であり、それは善意であると理解するのが、イスラーム信仰である。手段は厳しくても、意図は好意的なのである。

一方、徳目を説く道徳書では、「ラフマ」は人の痛みや苦しみ、あるいは楽しみや喜びを、自らのこととして感じ取ることであるとされる。したがってそれは、アッラーが中軸になっている点を除けば、日本でお馴染みの「情け」と異口同音であると言えそうだ。しかしそれは多くの感情と同様に、結局は厳密な定義は難しいとされる。[33]

イ．クルアーンの言葉

クルアーンを見ると、慈悲の教えが中心的であることを反映して、その様々な活用形も含めればクルアーンには三四二回登場してくる。いわゆるバスマラと呼ばれる「最も慈悲あまねく、慈悲深いアッラーの名において」という決まり文句には、慈悲がダブルで出てくる。

初めに慈悲についてのクルアーンでの原点を見る。預言者を遣わして教えを伝えたこと自体が、アッラーの慈悲の表れであったのだ。

「**われら**があなた（ムハンマド）を遣わしたのは、すべての世界の慈悲としてだけです。」（預言者章二一：一〇七）

その慈悲はすべての被創造者を含む万有に及ぶので、それは「あまねき」慈悲ということになる。

「また**わたし**の慈悲は、すべてのものにあまねく及びます。」（高壁章七：一五六）

アッラーへの祈願として、慈悲を請うという形でも出てくる。

「わたしの主よ、お赦しください、そして、慈悲を与えてください。**あなた**は最もよく慈悲を与える方なのです。」（信者たち章二三：一一八）

両親への慈悲を請う形でも出てくる。

「そして慈しみの心から、かれら（両親）に謙虚の翼を低く垂れて言いなさい。わたしの主よ、幼き頃、わたしを愛育してくれたように、かれらの上に慈悲をお授けくださいと。」（夜の旅章一七：二四）

信仰から離れてしまう人々もいたが、アッラーはやがて信仰篤《あつ》き他の民も連れてこられる、そして信者同士は謙虚であり、他方不信者に対しては意志堅固で奮闘するが、それもアッラーの好まれる人々への恩恵であるとされる。（食卓章五：五四）

そこで真の信者と見せかけとは区別しなければいけない。人の間には悪魔も配置されているので（家畜章六：一一二、識別章二五：三〇、三一）、十分要注意なのである。

「男性の信者も女性の信者も、互いに仲間です。かれらは良識を命じ、邪悪を禁じます。また礼拝の務めを守り、定めの施しをし、**アッラー**と**かれ**の使徒に従います。これらの人たちに、**アッラー**は慈悲を与えます。真に**アッラー**は、偉力大にして英明なのです。」（悔悟章九：七一）

「主よ、**あなた**の慈悲と知識は、すべてのものの上にあまねく及びます。改心して**あなた**の道に従う者たちを赦し、かれらを地獄の火の苦痛から御守りください。」（赦すお方章四〇：七）

他方で、不信者や見せかけの信仰者は敵であって、それは慈悲の対象から外されるのは当然である。イスラームはこの点、非常に現実的な描写をしているようだ。

「信仰する人たちよ、あなた方の妻や子供の中にも、あなた方に対する敵がいます。だからかれらに用心しなさい。もしあなた方がかれらを免じ、大目に見て許すならば（それもよい）。**アッラー**は、よく赦すお方であり、慈悲深いお方なのです。」（互いに無視する章六四：一四）

特にイスラーム初期においては四面楚歌の状態であったが、その警戒心がイスラームの共同体と信仰箇条に現実性と強靭《きょうじん》な粘りを与えることとなった。これもアッラーの差配であり恵みであり、知恵であったということになるのであろう。

ウ．預言者の語る物語

預言者自身によっても次のような逸話が語られている。動物愛護という最近の潮流にも沿う話なので、各所で見かけるところとなったのが現状である。題名は「喉の渇きに喘ぐ犬」というもので、通常アラブでは卑《いや》しめられる立場にある犬に対しても人は慈悲心を持つようにとの教えである。[34]

「アブー・フライラによれば、アッラーの御使いはこのように語りました。『ある時、一人の男が激しい喉の渇きに苦しみながら道を歩いていました。しかしやがて井戸を見つけ、男はその中へ下りて行って水を飲みました。それから井戸から出てみると、一匹の犬が舌を出して苦しげにあえぎ、喉の渇きに耐えかねて、湿った土を食べていました。すると、それを見た男は、この犬も私がさっきそうだったようにひどく喉が渇いているのだ、と言いました。そこで男はもう一度井戸の中へ下りて行き、自分の靴を水で満たして口にくわえて上り、犬にその水をやりました。そのため、偉力並びないアッラーは男に感謝なされ、彼の罪を赦されたのでした。』それを聞くと、人々は御使いにこのように尋ねました。『アッラーの御使いよ、畜生に対する行いでも私たちに報いがあるのでしょうか？』すると彼は、『どんな生き物に対する行いにも報いがあるのです。』と答えたのでした。」

エ．慈悲の働き方

・慈悲は繊細であると同時に広大なものであり、そのような情けは人間のものではありえず、アッラーに専属するもの。そのアッラーの慈悲を他の人にも嘆願することが、人間にとっての慈悲となる。

・慈悲を周囲に向けられない人に対しては、周囲からの慈悲も期待できないということになる。なぜならばアッラーは慈悲深い人だけに、慈悲をおかけになるという仕組みになっているからだ。

オ．敬愛、愛情、慈善など関連用語

慈悲の意味合いを探るため、類似の諸用語との関連性を押さえておきたい。

・敬愛　敬愛（マハッバ）は、人がアッラーに向けるものである。このアッラーへの敬愛はアッラー自体を目指しており、そのような愛の純粋性故に格別の用語で、「フッラ」と呼ばれる。

イブン・タイミーヤは次のように表明した。

「アッラーが好まれるものを好むことも敬愛の一側面である。逆に嫌われるものを嫌うことも同様である。そのようなアッラーの意向に即して好き嫌いを貫徹する行為はジハードであると言える。……

人々をアッラーの教えに従うように呼びかけることは、結局それはアッラーへの敬愛に基づいている。同様にアッラーが禁じられることから人々を遠ざける努力も、アッラーへの敬愛に基づいている。アッラーへの敬愛は人々への愛の原点である。またアッラーへの敬愛の延長が預言者とその家族、そしてそれに従った人たちへの愛情となる。[35]」

・愛情　愛情とは、そもそも特定のものに惹かれる心の働きをアッラーが人の天性の一つとして創られたという見地が出され、それと連動しつつ定義としては、人の心がぶれないためにアッラーがしっかりその心を捕捉され特定のものに結び付けられる現象だとされる。

次の節が、それら敬愛や愛情と慈悲の関係を説明している。

「あなた方がもし**アッラー**を敬愛するなら、わたし（預言者ムハンマド）に従いなさい。そうすれば**アッラー**はあなた方を愛され、あなた方の罪を赦されるでしょう。**アッラー**はよく赦すお方で、慈悲深いお方なのです。」（イムラーン家章三：三一）

・慈善　次いではフッブ・アルアターというアラビア語は、「与える愛情」という意味であり、「寄付好き」とも訳しうるので「慈善」という日本語がピッタリ当てはまる。広い愛情の一態様である。人が与えるものは、金銭、精神的支援、知識、助言、肉体労働、犠牲などいろいろある。人間が与えるものが小さい場合にも、だからといって量的な小ささは質的な小ささを意味していない。他方アッラーはもっと大規模で、人生全体であり、あるいは宇宙の運行も差配されている。それと同時に微小な蟻の行動も見ておられる。

人に与えることが最も多いのは、やはりアッラーである。その九九の美称には、寛大者（カリーム）、恩寵者（ワッハーブ）、糧を与える者（ラッザーク）などが入っている。この世は試練の場であるので、貧富の差があることなど恩恵の大小は多種多様になっている。

カ．慈悲の諸例

①慈悲の対象者

人々の間で慈悲の心が働くケースとして、弱者、未亡人、病人、子供、特に孤児、高齢者、親族、隣人、女性、貧困層、旅行者などが主な事例であろうが、それらを指摘し例示するために、クルアーンの他、預言者伝承、各種逸話などが実に多数傍証として引用されうる。

ブハーリーとムスリムの両者が合致している『二真正伝承集』からは、次のようなものが挙げられる。

「アッラーは人々に慈悲をかけない人には、慈悲深くされない。」

「未亡人と貧困者に対して尽力する人は、アッラーの道で戦う人である。」

「預言者よ、共に随行するのに一番善いのは、誰でしょう、とある男が尋ねたところ、預言者は、あなたの母親です、と答えられた。そこでその次は、と尋ねると、それはあなたの母親です、と答えられた。その次は、と尋ねると、あなたの母親、と答えられた。さらにその次は、と尋ねると、あなたの父親です、と答えられた。」[36]

このような調子で、旅行者、孤児など、種々の慈悲をかけられて当然な人々の事例が説かれている。現代的には世界各地の難民や各種災害の被災者なども入れていいのであろう。

②慈悲を施す主体

慈悲を受ける側で区別するのと異なる視点として、慈悲を与える側で区別されることも確認しておこう。

アッラーがまず最上級の慈悲者であるということがある。九九の美称には、慈悲深き者、慈愛あまねき者がまずあり、その他、恩寵者（ワッハーブ）、優しき者（ハリーム）、恕免者（ガフール）、免ずる者（タウワーブ）、寛恕者（アフー）、慈愛者（ラウーフ）などの多数が、その慈悲の働きと関係していることに留意しておきたい。

また預言者自身の特性には、慈悲深い人という面が強調される。もちろん預言者は人間の理想という意味で、すでに全面的に信者の愛と尊敬の権化のような存在であることはいうまでもない。特に慈悲深さという面では、次のような言葉がある。これは伝教にあたって、預言者が人々に対して示された慈悲はアッラーが賜られたものであるという一段である。

「**アッラー**からの慈悲のおかげで、あなた（ムハンマド）はかれらに優しく接しました。もしあなたが非礼で心が荒々しかったなら、かれらはあなたから離れ去ったでしょう。……本当に**アッラー**は、**かれ**を信頼する人たちを愛します。」（イムラーン家章三：一五九）
「確かにあなた方の間から、あなた方の元に使徒（ムハンマド）がやって来ました。かれは、あなた方が悩んでいることに心を痛め、あなた方のためにとても心配しています。かれは信者たちに優しく慈悲深いのです。」（悔悟章九：一二八）
『二真正伝承集』から、預言者の慈悲に関する伝承を少々触れておこう。
「砂漠の民が預言者に尋ねた、われわれはしませんが、男の子に接吻をされますか？　預言者は答えられた、アッラーはあなたの心から慈悲を取り払われたということはないでしょう。」
「礼拝するとき、その中に弱者、病人、老人、貧者などがいる場合はあまり長くせず、一人で礼拝するときは望むだけ長くしても良い[37]。」
　ついでは預言者の教友も同じく慈悲深さで知られていた。クルアーンにいう。
「ムハンマドは**アッラー**の使徒です。かれと共にいる人たちは非信者たちに対しては手を抜かず、他方お互いの間では友愛（ラヒーム、慈悲深い）に満ちています。」（勝利者章四八：二九）
　以上預言者らをいわば模範としつつ、信者は同様に慈悲の心を深くしっかり堅持するようにと説かれることとなる。それはいわば信者に限らず、人類全体であり、生きとし生けるものすべて、さらには全被造物と存在に対する広く寛大な情け心が人としての目標であるということになる。

キ．最後に

アッラーと人の間の関係は、相思相愛である。双方向の愛の基本にあるのは命の尊厳とその尊重ということであろう。最善美であり真実のアッラーを称賛し祈願するのであり、そのアッラーからは無限の恩恵を賜るのである。

ただし当然このような言い方は、人間である著者から見た場合の現代風な表現に過ぎない。絶対主はあくまで、超然とした存在である。その慈愛は、無限大であり永劫の時間の中にあることを再確認したい。そして人間の間ではその広大な慈悲及び慈愛の陰であり反映として、愛情や慈善が教えられていることを再認識しておきたい。

（二）和訳語の探求

以上に見てきたような広がりと深さを持つ「ラフマ」という用語を日本語では「慈悲」と訳されてきた。慈悲は日本の文化にすっかり根付いているので、用語としては大きな違和感はないと言えよう。ただ残る懸念は、それは本来仏教文化の中枢にある言葉でもあるということである。

ア．仏教的慈悲に欠ける「愛」の要素

慈悲は仏教用語としては、苦を抜き、楽を与える（抜苦与楽）の意味であり、特に「悲」の方が重視されて、「大悲」という用語でその重要性が示される。また仏教ではキリスト教で説かれる「愛」を「愛着」として捉えるので、それは排除することとなる。物事に執着するのは、人の持つ煩悩の一つで克服すべき対象なのである。[38]

他方、日本では抜苦と与楽の両者はあまり区別されずに捉えられて、一般的には目下の相手に対する「あわれみ、憐憫、慈しみ」の気持ちを表現していると思われる。しかしそれでも、そこには「愛」の要素が組み込まれている度合いは、低いということであろう。

ちなみに「ラフマ」の中国語訳は、ほとんどの場合、「慈恩」と訳されている。ただし、憐憫、慈憫、仁慈、恩恵なども使用されてはいるが、少数である。[39] 慈恩の一般的な日本語としての意味合いは、「厚い情け」と理解して差し支えないだろう。日本で「慈悲」が「ラフマ」の訳語として採用された背景には、他のイスラーム用語における場合と似た現象であるが、やはりその英語訳が mercy であることも当然影響したのであろう。ところがそこでもやはり「愛」の側面よりは、基本的には、情けや容赦といった側面に比重が置かれていると理解される。

こうして一旦は、定着した「ラフマ」の訳語としての「慈悲」は、基本的に「あわれみ」の比重を大きくしたものとして理解されることになる。そこで検討すべきポイントは、そういう「慈悲」という訳語でイスラームの「ラフマ」の中核を伝える機能を果たしているのかどうかである。ここまで言えば、すでにそれは不十分であると言おうとしているニュアンスは明らかもしれない。要は課題としては、何が欠けていると認識して、従ってそれを補正する訳語があるとすれば、それは何かということである。これへの回答も「ラフマ」の既往の全幅の説明からして、すでに相当述べたに近いだろう。すなわち、欠けている側面は「愛」の一文字だということになる。

アッラーと人は相思相愛であるという、次のクルアーンの節を繰り返そう。

「あなた方がもしアッラーを敬愛するなら、わたし（預言者ムハンマド）に従いなさい。そうすればアッラーはあなた方を愛され、あなた方の罪を赦されるでしょう。アッラーはよく赦すお方で、慈悲深いお方なのです。」（イムラーン家章三：三一）

人間を救うために預言者を派遣されたという一事をとってみても、それは「情け」や「あわれみ」を動機としてアッラーが配慮されたという理解よりは、それは何よりも人間を愛されるからであると理解する方が、自然である。人間はそれほど「あわれむべき」存在として創造されたのではなかったのではないか。人間を試すために創造されたのであり、その被造物を愛されるがゆえに、救済の手を差し伸べられるという構造である。

また人間を救うために預言者を派遣されたという一事をとってみても、それは「情け」や「あわれみ」を動機としてアッラーが配慮されたという理解よりは、それは何よりも人間を愛されるからであると理解する方が、心温まり積極的になる。この感覚は著者一人ではなく、これに留意される方々一般の思考ではないかと了解される。

ちなみに「慈悲深く、慈愛あまねき」という表現自体は従来も使用されてきたので、その意味では、「ラフマ」の訳語としては、「慈悲」ではなく「慈愛」一本に絞っても不要な違和感を持たれる恐れはないと思われる。

イ．提案「慈悲ではなく慈愛を」

ラフマの訳語として、「慈悲」ではなく、「慈愛」とする方が適切であろう。信者はアッラーを敬愛して、アッラーは人を慈愛されるのである。クルアーン中には、ラフマ関連の言葉は三四二回も繰り返し登場することはすでに触れた。毎日、信者は一日五回の礼拝を通じて、三四回は繰り返し口にする言葉である。その繰り返しにおいて、もっと温かみと積極性を取り戻すこととなれば、この研究は報われたこととなる。ただし慈悲の理解において、もっと愛情の意味合いを込めるようになれば、話は別である。当面は、これら両者のせめぎ合いを見てみることとしたいというのが、著者の私見である。

二、アドル（正義）

正しい真っすぐな道を歩みたいという、求道の精神が信仰を希求する大きな動機であり、衝動の原因となっている。

クルアーンの開巻章には、「わたしたちをまっすぐな道に導いてください。」（一：六）とある。また逆に、信者には「真っすぐな道を歩め」というアッラーの命令が下される。預言者伝承にいう。「アッラーを信じたと唱え、（それを固く守って）正しい行いをするように。」[40]

要するに、信仰すると正道を歩むことが義務となるということ、そこで道徳を順守すること自体が、信仰上の篤信行為にもなるという関係が成立することがポイントである。

アドル（正義）と公正（アダーラ）はほとんど同義で、アラビア語では同じ語源から派生している。それらに対比されるのは「不正（ズルム）」である。いずれも今次のアラブ革命では大きな標語となり、注目されてきた徳目である。[41]

他方、我が国では正義という用語は堅苦しくて角が立つ印象があるが、例えば誠実といった徳目ほどには十分な市民権を得ていないのかもしれない。だが正義へのこの感覚的な距離感を乗り越えてこそ、イスラームに接近できるということではないだろうか。

（一）定義

辞書的には、「アドルは、不正の反対であり、それは心の中で、正しく真っすぐだと考えられるもの」と一般的に規定される。[42]

他方、イスラームの倫理道徳で言われることは、正義や不正は、アッラーに認められた人間の正当な権利が実現しているか、あるいは逆にそれが不当に抑圧され剝奪されているか、ということである。そこでこの用語は、非常に重々しい響きを持つこととなる。

ところがここで「権利」とは、真実という意味の言葉と同じ、「ハック」という言葉が用いられる。したがって、正義とは真実を愛しそれを堅持し、正義の実行とは真理に従うことと同義であるということになる。この構造は他のあらゆる徳目と同じであるので、イスラームのすべての道徳律は通底していることとなる。[43]

（二）個人的正義と社会的正義

正義は個人を対象とする場合と、社会を対象とする場合に分けられる。

個々人が社会より正当な配当を受けているのが正義であり、その逆の場合が不正とされる。

民事裁判において裁判官が中立性を失って、争う二者間の一方の肩を持つようなことも不正である。なぜならば、一方の利得により他方は損益をこうむるからである。

そのような依怙贔屓《えこひいき》の結果に陥る可能性は、次の原因がある。愛情、私的利益、外見の良さなどである。ローマ時代より正義の女神は目隠しをして、片手に天秤、片手に刀を持つ姿で表現されてきた。それは一切の誘惑から自らを遠ざけ、中立に計測し、刀で守り履行させる意思を示していた。

他方、社会的な正義とは、個々人がその能力を習得し発揮しうる手段や組織——交通機関や学校など——を当該社会が整え準備しているかどうかが問われる。そして社会の構成員がその能力を十分に社会貢献に駆使できるような体制を整えることで、その社会は正しい状態にあるとされる。[44]

（三）正義と平等

正義と平等の関係は多くの議論を、世界中で喚起してきた。平等でなければ、正義が達成されないという感覚があったからだ。人は能力においても努力の仕方も平等であるとすれば、その報奨も平等でなければならないだろう。ところが実際にはそれらは多種多様であることは誰しも知っている。つまり外見的な平等は正義ではありない。そこには実質的な公正さが求められるということである。

ではどうすることが実質的に平等なのかについて、それこそ万華鏡の文様のように多種多様で変幻自在な現実世界の中で一気呵成に断言することは、逆に弊害も生じうる。他方人は固定的に階級別に分断すべきでないし、あるいは血縁などによる支配関係を築くべきでないという感覚も強い。それは、人は平等に創造されたというイスラームの基本でもある。

そこで現在では個人差があることは認めつつも、最小限社会的に確保すべき平等として次の四点が、現代のイスラーム倫理書で挙げられている。

・法の前の平等――法適用の平等
・権利の平等――法的権利の平等な付与
・機会均等――教育を受ける機会、公的機関の採用基準の均一性など
・選挙における投票権の平等――一人一票

ただしこれらを列挙するだけで、個々にイスラーム的な検討が細かにされているわけではない。多分に西洋式な扱い振りであり、まだ正義と平等に関して特段イスラームとして本格的に見解が提示されたとは言えないようだ。[45]

(四) 正義と慈悲

また正義と慈悲の関係も議論される。それは例えば、非効率的な労働者をその貧しさ故に解雇しない方がよいのか、そうではなく解雇して新たな生産的な労働力を確保すべきなのか、といった事例で問われる。それは明らかに、後者が正しく、非効率な労働者のもたらす社会的な損害はかれが解雇されてこうむる個人的な損失よりはるかに大きいからであるとされる。

しかしこれは考えてみると、個人的な損害であれ社会的なものであれ、それらは具体的な数字を見てみないと天秤にかけるのは容易でないことは当然である。いずれにしても弱者擁護の精神はイスラームでは強いので、このような一般概念的な視点からの事例が問題視されるのである。

さらには、「慈悲は正義の上にある!」と主張して陳情する罪人について、そのような口実は成立しないので許すべきではない、といったことなども念のために釘《くぎ》が刺される。そして検討の結果は、正義の主張をする権利を持つ人がそれを譲渡し、あるいは放棄して慈悲を優先させる場合にはそれは是認されると結ばれる。例えば、債権者が債務者に対して借金返済を延期したり棒引きしたりする場合や、盗もうとした人を所有者が慈悲でもってそれを見逃すようなケースである。[46]

(五) クルアーンから

クルアーンには次の通り正義が出てくる。アドル（正義）という名詞形では、一四回出てくる。ただしそれは。公正な代償などの意味でも用いられている。他方公正（アダーラ）という言葉はクルアーンには出てこないので、アドルが公正とも訳されている場合もあるということになる。なお別の単語で日本語に正義と訳されるキストという言葉もあり、それは一五回出てくる。[47]

アッラーが人に命じられる事柄が列記され、その初めに置かれているのが、正義である。

「真に**アッラー**は公正と善行、そして近親への供与を命じ、またあらゆるみだらな行為と違法行為、そして横暴な行為を禁じます。」（蜜蜂章一六：九〇）

また正義と篤信が重なって説かれている。政治の分野でも正義は扱われるにしても、それは元来倫理であり信仰論の一翼をなしていることが明らかであろう。

「信仰する人よ、**アッラー**に（信仰上）堅固にして、公正に証言しなさい。人びとを憎むあまり、公正さを失ってはいけません。公正であることが、（**アッラー**を）意識することに近いのです。**アッラー**を意識しなさい。」（食卓章五：八）

人の善行と悪行はすべて公正に記録される。逃れようはないのだ。

「また代書人に、あなた方の間のことを正しく書き留めさせなさい。代書人は、**アッラー**が教えたように書記することを拒否してはいけません。」（雌牛章二：二八二）

政治は正義の行いでなければならないのは当然だ。

「わたしはあなた方の間に公正をもたらすよう命じられた、**アッラー**はわたしたちの主であり、あなた方の主です。」（協議章四二：一五）

人間は公正に証言し裁かれ、正義と公平でもって扱われる必要がある。

「信仰する人たちよ、正義を守り、**アッラー**に向けて証言をしなさい。たとえあなた方自身や両親、そして近親に不利な場合でも。」（女性章四：一三五）

「確かに**アッラー**は、あなた方に信託されたものを、元の所有者へ返すことを命じています。そしてあなた方が人の間を裁くときは、公正に裁くことを命じています。」（同章四：五八）

「また**アッラー**は、二人の例えを示しました。一人は物言えない人で、かれには何の力もなく、その主人にとっては重荷です。どこに差し向けても善いことをもたらさない。（かれと比べて）正義を勧め、まっすぐな道を踏む人とは同じでしょうか。」（蜜蜂章一六：七六）

「もしかれらの一方が他方に対して私利をむさぼるならば、むさぼる方が**アッラー**の命令に立ち返るまで戦いなさい。だが立ちかえったならば、正義を旨としてかれらの間を調停し、公平にしなさい。誠に**アッラー**は公平な人を愛します。」（部屋章四九：九）

天秤がローマ時代に公正感の象徴であったことは触れたが、クルアーンでも計量を正しくすべきことが繰り返されている。

「より適正でない限り、孤児が成人に達するまでは、その財産に近づいてはいけません。また公正（キスト）に計量しなさい。」（家畜章六：一五二）

「それからあなた方が計量するときは、その計量を十分にしなさい。また正しい秤で計量しなさい。それは（現世において）最善で、（来世では）最高の結果となります。」（夜の旅章一七：三五）

そして最終的には、イスラームの教えそのものの目的が正義のためであるとされる。

「確かにわたしは明証をもって使徒たちを遣わし、またかれらと共に啓典と秤《はかり》を下しました。それで人びとが正義（キスト）を守るようにするためです。」（鉄章五七：二五）

（六）不正

以上の正義を巡る理解を明確にさせるため、その反義語である不正（ズルム）について概略見ておこう。クルアーンには種々の活用形で、正義よりははるかに多数の、三一五回も登場する言葉であるが、その大半は経済関係の不正行為である。

ア．定義

不正は一般的には他者の権利を不当に奪うことであるが、それをより抽象化して、何かをあるべきところから不当に他の所へ移すことであるとも説明される。[48]

アッラーは人間の服従を求める権利があるが、信仰しない者はその権利を犯していることになり、したがってアッラーに対して不正を犯していることとなる。またアッラーの定められる掟を破ることも同様である。そこで不正者は地獄必定という次第になる。

もちろんあらゆる意味で、他人の財産を侵すこと、また他人やさらには自分の命を殺めることなどもその人の権利を犯すことであり、人間界の不正の大きな部分を占める。思想的、抽象的な内容もありうるし、あるいは動物や植物が対象となっても同様である。犬であれ、あるいは木々にも権利があるとするのだ。ただし財産であれ命であれ、それらが帰属するという権利は最終的には結局アッラーが保有するものではある。

不正に至る原因は慈悲を忘れてしまい、心が枯渇することにあるとされる。

イ．財産関係の不正

クルアーンには政治関係の不正はあまり出てこないが、経済関係は多数登場する。

・利子（リバー）　利子がイスラームで禁じられていることは周知である。それは多分に労働を伴わない不労所得と見なされたことや、往時、高利貸しが横行したことによる。クルアーンで最も明確な箇所は次のとおりである。利子の禁止に関する最後に降ろされた啓示の箇所であるとされる。

「信仰する人たちよ、**アッラー**を意識し、利子の残額を帳消しにしなさい。もしあなた方が信者であるなら。もしあなた方が（帳消しに）しないなら、**アッラー**と**かれ**の使徒から戦いが宣告されるでしょう。」（雌牛章二：二七八、二七九）

・詐欺（ギッシュ）　中東貿易の歴史上、不良品を混ぜるようなことが香料や油の取引などでは問題とされ、卸値を高く言って不当利益を貪ることなども見られたようだ。詐欺はあらゆる裏切りや盗みと実質は同種の罪悪と考えられる。したがって詐欺で獲得された財産は、禁則を犯した不浄な資金ということであり、喜捨や巡礼に用いることはできない。しかしクルアーンには一度も出てこない用語である。

・独占（イフティカール）　物資を独占して不当な利益を上げることは、不正の一種とされている。しかしクルアーンには関連の言及はない。預言者伝承には、独占するものは過ちを犯し、罪人であるとしたものが伝えられている。

・賭け事（マイサル、ムカーマラ）　クルアーンに言う。

「信仰する人よ、誠に酒と賭け事、偶像や占い矢は不浄な悪魔の行為です。だからそれを避けなさい。そうすればあなた方は成功するでしょう。悪魔は酒と賭け事を通じて、あなた方の間に敵意と憎悪を引き起こすことを望んでいるだけです。」（食卓章五：九〇、九一）

たとえ当事者が同意していても賭け事は禁じられる。なぜならば、ありえないことだが、双方が互いに自分が勝つと思うことになるが、それは悪魔の仕業だからだ。それは合意による共同行為の姿をした悪魔の知恵に過ぎず、両人が持っている知恵、巧みさ、熟練度を浪費しただけのことである。したがってそれは、互いに攻め合い、殺しあっているのと同じことである。

・盗み（サリカ）　盗みについては、次のクルアーンの言葉がある。

「男性の盗人も女性の盗人も、**アッラー**からの見せしめとして、またかれらが稼いだことへの報いとして両手を切断しなさい。」（食卓章五：三八）

両手の切断をされる盗みは、その金額が卵一個の値段、あるいは四分の一ディナール以上の金額であるとイスラーム法ではされてきた。ハナフィー派ではそれを一〇ディナール以上とする。他方昨今の人権思想もあり、手の切断ではなく、罰金や投獄の刑罰を適用するアラブ諸国が今は大半となっている。

・権力的横領（グルール）　クルアーンに言う。

「誰でもだまし取る人は復活の日に、そのだまし取ったものを持ち出すでしょう。そのときすべての魂は稼いだことに対し完全に清算され、かれらが不当に扱われることはないのです。」（イムラーン家章三：一六一）

・賄賂（リシュワ）　これも権力的な横領の一種であるとみられている。贈収賄は公職にあるもの、特に裁判官のものは問題が深刻であるとされる。それは国家機関を麻痺させてしまうからだ。賄賂を仲介する人も贈収賄の直接当事者と同様に罪が問われる。これはクルアーンには出てこない。

・強奪（ガスブ）　権力的に人のものを搾取し、あるいは売買で騙し取る行為がこれに当たる。盗みではあるがその内でも暴力的なものや売買取引中に表面化しないものが対象とされている。

（七）正義と現代政治

以上でイスラームにおける正義の概念の全容は、ほぼ明らかになった。それは喧嘩両成敗といった事なかれ主義の発想ではない。物事の内実に入って相対立している二者間の衡平を実質的に図る、つまりそれで本来両者が保有する正当な権利が実現していることを確保するという作業になる。

そこで当事者のそれぞれが保有する権利が決定的に重要な鍵を握ることとなるが、その権利は絶対主アッラーの差配される世界の真実でもある。したがってそれは、信仰上は把握されても、法律的な権利のように具体化、客体化されたものではない。

ここに一般的概念的に衡平性を訴える信仰上あるいは倫理的正義と、法律的な書かれたあるいは社会慣行上認められた諸権利の行使という法的世界のそれとの、混同や乱用が生じる原因がある。この混同や乱用は歴史上もまた現代政治の分野でも深い痕跡を刻んできた。

例えば相続権であればクルアーンにも比較的細かな定めがあるし、またイスラーム法学も発達した。スンナ派の四法学派が互いに相当異なる主張をする場合でもいずれの法学派も正統であるとされ、実際の適用は具体的な事例に沿って学派を選んで判断が下され、あるいは四人の法学者が並んで出廷することもあった。そのような柔軟な運用によってイスラーム法学全体としては総崩れから免れたし、また一般市民も法的な衡平感を享受できた。

他方大きな事案、例えばパレスチナ問題などになると、事態はそれほどには順調ではない。何をもって認められた権利と考えるのか？　明文化された基準は存在していない。だからそれぞれの政治勢力が自分で正しいと考える権利を持ち出す事態を招くこととなる。

さらには古典であれ現代版であれ、倫理書ではそのような具体的な事例に即した検討を示す立場になく、いろいろの解釈を呼び込む一因ともなっているようだ。そこで議論は倫理よりは法学の分野へ戻されて、侵略者に対する神命による戦いであるジハード論が盛んとなるのである。

正義だと信じたときのエネルギーは巨大である。それがアラブ民衆革命の火付け役になってきた。また反対に不正者というハンコを押された者は真に震え上がるのである。アッバース朝後期にはそのための暗殺集団もシーア派の小分派を中心に結成されたことがあった。要求は貫徹するのが神命である以上、何の遠慮もなく突き進められた。

イスラームは本来的に平和のためであり、慈悲の教えであることを再確認して、悪循環のサイクルに適切な歯止めをかける柔軟な議論が強力に提示される必要を感じさせる。その一つの鍵は倫理としての正義と、法的権利としての正義を区別し整理することにあるのではないかと思われる。

註

32 イブン・マンズール『リサーン・アルアラブ（アラブの舌）』ベイルート、一九九四年。全五巻。「ラフマ」の項目。

33 アブド・アルラフマーン・ハサン・ハブナカ・アルマイダーニー『アルアフラーク・アルイスラーミーヤ・ワウススハー（イスラームの倫理道徳とその基礎）』、ダマスカス、二〇〇二年。第二巻、五頁。

34 ムハンマド・ビン・ハサン・アルジール『イスラームの預言者物語』国書刊行会、イスラーム信仰叢書第三巻、二〇一〇年。一二六―一二七頁。

35 イブン・タイミーヤ『イスラーム論集』ムハンマド・アブドル・ハック・アンサーリー英訳、イマーム大学出版、リヤード、二〇〇〇年。四四四―四六四頁。

36 ムハンマド・ファード・アブド・アルバーキー『アルルゥルゥ・ワアルマルジャーン（真珠と珊瑚）』、カイロ、二〇〇五年。五〇〇、五六五、六七五頁。

37 前出、アルマイダーニー『イスラームの倫理と道徳とその基礎』、第一巻、四四二―四四三頁。

38 『宗教辞典』東京大学出版会、一九九〇年。「愛」の項目。

39 『中国訳解古蘭経』サウジアラビア・ファハド国王クルアーン印刷所、二〇〇七年。

40 前出『日訳サヒーフ・ムスリム』第一巻、五三頁。

41 欧米式に、公平な配分の面を強調した正義概念を、公正と規定することもできる。事実、アラビア語でも公正（アダーラ）は、「社会的」という形容詞で修飾される場合が多い。但しアラビア語としてそのような慣用が見られるというに過ぎず、右の定義が確立されているわけではない。またクルアーン用語であるのは、正義（アドル）だけである。

42 前出、『アラブ人の舌』アドルの項目。

43 前出、アルマイダーニー『イスラーム倫理と道徳とその基礎』第一巻、六二二頁。

44 「各自に正当な持分（権利）を与えるのが正義である。」とするのは、ローマ法の正義概念でもあった。二〇世紀後半、欧米諸国で各自の持分を公平に配分することを強調するか、あるいは持分である各自の権利を尊重するのが正義であるとするのか、二つの異なる立場が出てきた。前者は福祉国家的で後者は最小国家を主張する夜警国家観に基づく。これらの議論はイスラームのものと対比される。本文のイスラームの見解は福祉国家論の上を行くもので、国家の責務を上積みした形になっている。伴博・遠藤弘編、『現代倫理学の展望』増補、勁草書房、一九九八年。二四七―二六七頁など。

45 アフマド・アミーン『キターブ・アルアフラーク（倫理の書）』カイロ、一九二〇年。二一三―二一四頁。

46 「やさしき慈悲は正義を越える理（ことわり）である」とは、気の進まない自分の娘を騎士と結婚させる国王の言葉である。全く別世界ではあるが、いずれの徳目が優先するのかという同種の葛藤が見られる点、格別の趣向である。ジェフリー・チョーサー『カンタベリー物語』岩波文庫、桝井迪夫訳、全三巻、上巻、一四三頁。

47 「キスト」は「部分」という意味があり、「公正な部分」というところから公正、正義の意味に転じる。それは比較的に正義の外見的で露わな部分を指すことが多い。

48　前出、アルマイダーニー『イスラームの倫理と道徳とその基礎』第二巻、八九―一〇九頁。

第五章　サキーナ（静穏）・フィトラ（天性）関連

イスラームの幸福論は、それ自体大きな分野である。そこでは楽園において永遠の安寧（イトゥミィナーン）を得ることであるとされている。現世における幸福もやはり安寧の心境であるが、現生のものは一時的である点が異なっている。しかし一時的であれ、この心境を得るのに必要なのが、サキーナといわれる心の活力である。その実態はどのように理解されるのか。また人にはフィトラと言われる天賦の才能が付与されているという理解である。フィトラとは何か、それは信仰やサキーナとどのような関係を持っているのか、こういった事情を探訪するのが、本章の課題である。

人には天賦の才覚が備わっているが、その才覚はフィトラ（天性）と言われる。さらにフィトラと共に人にはサキーナ（静穏）が付与されているとされる。このフィトラには虚空の空白部分があり、それを満たしたいという本能的な欲求を人間は持っている、しかしその虚空は、実験と帰納法に基づく科学や人的論理に依る哲学といった、後天的な知識で埋めることはできないものであり、そこに信仰独自の役割があるとする。稲妻のような一筋の光によって信仰は直観され会得されるものであるという。またその虚空は、人はなぜ生きているのか、あるいは人生の目的は何かといった、存在についての人のあらゆる迷いと不安の源泉でもあるが、それらを克服したいという欲求がサキーナを招来するということになるという。

こうして人は自ずと迷うし、迷えば信念やひいては信心を持ちたいとするが、それは天性に基づいているのである。こうして天性を梃子《てこ》として不安を払拭すべく自然に求めることとなるサキーナと、同じく天性に基づく真の信仰は不即不離の関係となると理解される。信仰により真理を覚知し自らの存在を人の生存の真髄に結ぶことがなければ、サキーナを持つこともないし、また人の最終的な幸福は心の安寧にあるが、サキーナがなければ信仰はすなわちおぼつかなくなり、信仰がぐらつくとき安寧は危うくなり、従って幸せも不確かになるということである。

ではどうしてそのような天性が人に賦与されることとなったのかは、世の東西を問わず人間自身が問い詰めることは難しい分野の事柄であると見なされる。なぜならばそのように創るべき主が創られたから、としか言いようがないからである。

「**われら**は諸天と地、そしてその間にあるすべてのものを、戯れに創ったのではないのです。まさに諸天と地とその間のすべてのものは、真理によって創りました。だが、かれらの多くは理解しないのです。」（煙霧章四四：三八、三九）

なお信仰の起因であるフィトラは、仏教でいう仏性に似た感覚である。他方サキーナは仏教でいう涅槃寂静《ねはんじゃくじょう》と似ているようでも、涅槃は修行の賜物であり後天的な性格が強いが、その点天与のサキーナとは峻別される。以下では、現在も社会的影響力があり、議論としてより豊かなサキーナに焦点を絞って見ることとする。[49]

一、クルアーンに見る語義とその広がり

サキーナの三語根は、S、K、Nであり、辞書上の意味は「静かである、住み着く」であるということは、アラビア語を学習した人は、誰でも知っている。[50] 他方辞書と離れて見た場合

の語義の根拠としては、通常クルアーン上の使用例が最強のものとして受け止められる。サキーナは種々の脈絡において、クルアーンでは以下の六ヶ所で用いられている。それらはいずれも、マッカではなくマディーナで降ろされた啓示であるのは、同地ではいかに不安感と共に過ごしたかということを反映しているのであろう。

①「それから**アッラー**は、**かれ**の使徒と信者たちの上に、**かれ**の静穏（サキーナ）をもたらし、またあなた方には見えない軍勢を遣わして、不信心な人たちを処罰されました。」（悔悟章九：二六）

これは六三〇年、マッカ軍とのフナインの戦いの際に、劣勢にあった預言者ムハンマド側をアッラーが助力した際の光景である。敵軍にはこの天使の軍勢が見えたとされ、それにより勢いがひるんだのであった。一方信者には見えなくても、心は安堵感に満ちてその士気を強めた。サキーナの効用とされる。

②「非信者たちに追い出されて、一人の友と二人（ムハンマドと教友のアブー・バクル）で洞窟にいたとき、かれ（ムハンマド）はその教友に向かって言いました。悲しんではいけません。**アッラー**は確かにわたしたちと共におられます。すると、**アッラー**は**かれ**の静穏

（サキーナ）を、かれ（ムハンマド）に降ろされ、あなた方には見えないけれど、（天使の）軍勢でかれを強めました。」（悔悟章九：四〇）

これは預言者ムハンマドが、後に初代正統カリフになるアブー・バクルと共にマッカからマディーナへ移住する際、マッカ郊外のサウル山の洞窟に追っ手から逃れ隠れたときのことである。見えない天使の軍勢は敵に恐怖心を抑えさせ、二人はまんじりともせずにやり過ごして、漸《ようや》く追っ手の目を逃れることができた。それほどに冷徹な状況判断の力をサキーナが与えたということである。

③「**かれ**こそは、信者たちの心に静穏（サキーナ）を降ろし、かれらの信心を強化された方でした。実に、諸天と地の軍勢は**アッラー**のものです。」（勝利章四八：四）

サキーナは、信心を増強させるものである。

④「かれらがあの樹の下で**あなた**に忠誠を誓ったとき、**アッラー**は信者たちにご満悦でした。**かれ**はかれらの心の中にあるものを知って、かれらに静穏（サキーナ）を下し、速やかな勝利で報いました。」（勝利章四八：一八）

六二八年、フダイビヤの誓約（「喜悦の誓約」とも呼ばれている）により信者たちの胸には信心の誠実さが満ちていることを知り、アッラーはサキーナを送られた。この誓いのあった樹木とは桜の木だったとの伝えもある。[51]いずれにしてもその木を聖視する慣習がはびこってからは、逸脱であるとして伐採された。

⑤「あの時不信心な人たちは、心の中に傲慢の念を燃やしていました。（イスラーム以前の）ジャーヒリーヤ時代の無知による傲慢の念です。それで**アッラー**は、使徒と信者たちの上にかれの静穏（サキーナ）を下し、かれらに（**アッラー**を）意識する（篤信の）言葉を守らせました。」（勝利章四八：二六）

サキーナはタクワー、つまり一層の篤信と畏怖の心を植えつけることにより、使徒と信者の心を傲慢の念から遠ざけられたのであった。サキーナは不信と不信者を遠ざける効果もあるということになる。

以上の諸例をまとめると、サキーナはただ静まり返るという意味での静けさではなく、常に動態に移行する活力を秘めており、周囲の状況を冷徹に知るための知力でもあり、真実に直結しそれに誠実たらんとする信心を増強させ、その真実で満ち足りるところから忍耐を生み出し、さらには不信と不信者を遠ざける働きをするものであるということになる。

最後に次の使用例がある。

⑥「かれ（タールート）の王権の印は、（契約の）箱があなた方にやってくることです。その中にはあなた方の主からの静穏（サキーナ）があり、ムーサー家とハールーン家の遺品があります。」（雌牛章二：二四八）

戦闘の時、ムーサーがこの箱を持ち上げると兵士たちの心が落ち着いたともされる。なおこの雌牛章の「静穏」だけは、他の所が安寧や安心感を指しているのと趣《おもむき》を異にしているると解釈する向きもある。つまりそれは、（勝利を知らせる）微風、あるいは（預言者たちの心臓を洗う）洗い桶、あるいは（正しい教えを示すアッラーの）魂であるといった説明である。箱に入れられて持って来られるというので他と異なる種類の議論が生じるのである。

二、預言者伝承の実例

今一つの重要な語義確認の手段は、預言者伝承における使用諸例を振り返ることである。サキーナに関しては「天使に胸を開かれる」と題されてよく知られた伝承があるので、その概略を記しておく。これは預言者自身が語った物語の一つとしてよく知られている。[52]

ある男がアッラーの御使いに、最初の奇跡的な体験はどのようなものだったかと尋ねると、御使いはこう答えられました。

「私は自分の乳母の息子と子羊を連れて出かけたが食べ物を持ってこなかったので、私は彼に『お母さんのところから食べ物を持って来て。』と頼みました。彼は去って行き、残った私のところに鷲のような白い二羽の鳥が近づいてきました。そして二羽は私を捕え、仰向けにして腹を割りました。それから心臓を取り出して、そこから黒い二つの凝血を取り出しました。一方の鳥が相手の鳥に、『雪水を持ってきなさい。』と言い、雪水で私の腹の中を洗いました。そしてさらに、『冷水を持ってきなさい。』と言い、冷水で私の心臓を洗いました。次に、『サキーナを持ってきなさい。』と言い、それを私の心臓の中に植え込みました。さらに『縫い合わせなさい。』と言うと相手の鳥は縫い合わせ、その上に預言者の印を押しました。それから一方の鳥は相手の鳥にこう言いました。『彼を天秤の片方に置き、そして彼のウンマ（共同体）の一〇〇〇人の人をもう片方に置きなさい。』と。」

そこでアッラーの御使いは言いました。

「私は自分の上方に一〇〇〇人の人がいるのを見て、彼らが私の上に落ちて来るのではないかと恐れました。それから二羽は私をそこに置いたまま飛び去りました。」

さらにアッラーの御使いはこのように話しました。

「私はとても激しい恐怖を感じ、その後乳母の許へ戻って自分が体験したことを話しました。すると乳母は、私が悪霊か何かに取り付かれたのではないかと恐れ、『アッラーがあなたを守護してくださいますように』と言うと、旅に出るために駱駝の準備をしました。それから私を駱駝の上に乗せ、彼女は私の後ろに乗って出発しました。そして私の実母（アーミナ・ビント・ワハバ）のところへ到着すると、乳母は実母に、『私は自分に課せられた信託と責任をきちんと果たしました。』と言って、私が体験したことを話しました。しかしその話に実母は驚かず、『この子が生まれた時、私は彼から光が放たれるのを見たのですが、その光はダマスカスの宮殿を照らしたのです。』と言ったのでした。」


ここには三つの奇跡が語られている。サキーナを心臓に埋め込んだこと、幼い頃の預言者一人で共同体全員より重量があったこと、そして生誕の際預言者から遠方へ光が放たれたことである。預言者であるからいろいろ特別の出来事があるが、ここのポイントは子供の心に若年ながらサキーナがしっかり植え付けられたことが預言者の特徴として特記されているということだ。またここだけを見ると、サキーナは信仰に先行するような格好となっているのである。ただしクルアーンの諸例に見たように、預言者ムハンマドにはその生涯を通じて何回もサキーナは降ろされることとなったのであった。

以上の他にも預言者伝承にはサキーナは様々な箇所に登場する。しかし信仰と直結するのは、上記の物語が一番典型的であると言えそうだ。他の諸例を以下に列記しておこう。

①「信仰はイエメン人らの間にあり、不信は東方にある。サキーナは、やぎや羊の飼育者の中にあり、高慢と偽善は馬やらくだの飼育者の間にみられる。」飼育している家畜の性向に人はそれなりに影響されるというのである。[53]

②「礼拝の呼び掛けがあった時、あなた方は礼拝に急いで走ってきてはいけません。サキーナと共に歩いて来なさい。[54]」

③「ある男が洞窟章（クルアーン第一八章）を読誦していた。彼の近くには二本の綱でつながれた馬がいた。その時、雲が彼の上に陰をつくり、それが次第にその馬に近づくと馬はそれにおびえた。翌朝彼は預言者の許に行きそのことを話した。預言者は『それはクルアーンの読誦によって下ったサキーナであった。』と言われた。」

ただしここのサキーナは通常、天使たちの意味だと解釈される。[55]

④「アッラーの館（マスジド）の一つに集まり、アッラーの経典を読み、互いに学び教え合う人たちの下には平安（サキーナ）があり、慈悲が彼らを覆い、天使たちは彼らを取り囲むことであろう。[56]」これは、クルアーンを学ぶこと自体、サキーナを降ろしてもらう原因となるということである。

⑤「静かに、静かに」と預言者が人々に呼びかけて有名になった場面がある。それは巡礼の最高潮である巡礼月九日のアラファートの丘における半日にわたる荒野での礼拝の後、日暮れと共にムズダリファの地点に移動して、野宿をする儀礼の際であった。そこではイスラーム以前から急いで移動するのが慣習とされていた。しかしそれは疲れた中、混雑と石だらけの路面を走ることとなり危険であり、またイスラームの信仰上は格別の意義は与えられていなかった。そこで預言者は「静かに、静かに、敬虔さを忘れないように」と人々に呼びかけられたのであった。[57]

そしてこの「静かに、静かに、敬虔さを忘れないように」という呼び掛けの言葉は、むしろ巡礼全体における戒めの意味をもって使用されることも多くなった。その延長として援用されたのが、二〇一一年のエジプト革命以降であった。マスジドにおける金曜礼拝などでは、しきりに説教の中でこれを耳にすることとなったが、それは人々に対して革命の行動の日々は過ぎたので、これからは「心の静穏」を忘れないようにして、建設の日々に移るよう訴える意図で使用されたのであった。

三、指導者の事例

第三代正統カリフとなるウマルについて、預言者ムハンマドは次のように述べたとして広く知られている。

「われわれが話していたとおり、ウマルの舌とその心で『サキーナ』は話をする。[58]」

それは、サキーナが降りた人の心は正しくなり、知恵と光で溢れ、舌は善と正義の言葉を吐くのみである、という意味の言葉だと理解されている。つまりサキーナの効果は絶大だということになる。

高名な思想家であり論争家であったイブン・タイミーヤ（一三二八年没）は悩み事や心配事で頭が一杯になり状況が厳しくなると、クルアーンのサキーナ関連の章節を読むことにしていたと、その弟子であるイブン・カイイム・アルジャウズィーヤ（一三五〇年没）が次の通り記している。

「彼は事態が難しくなれば、親戚や周りの人にサキーナの節を読むようにと言うのだった。そうすると事態は改善されるし、新たな心境でいられると言うのだ。」

そしてそのことを記すアルジャウズィーヤ自身もそれを実行したと、続けて次のように書いている。

「私も心が乱れた時に、それらの章を読んでみると、確かに平静になり安寧を覚えることができた。」

第四代正統カリフであったアリーの息子フセインの娘に、サキーナ・ビント・アルフセインという名前の有名な女性がいた。静かな性格だったので、そのように呼ばれたが、本当の名前としては別に、アミーマ、アミーナ、あるいはウンミーヤだったという説もある。彼女が有名になった理由としては、詩が上手で、文学や法学にも通じており貧乏な人を助けるなど人道支援に熱心で、節操正しく、そして何よりもシーア派で殉教者として偲ばれるフセインの娘であった。亡くなったのは七〇歳の時であったが、マディーナに埋葬された。

四、語義の広がり

以上に見たクルアーンでの使用例などの検討によって、サキーナが静穏であるとしても、それは尋常でない内容であるという古来のムスリム学説としての一般論が導かれるのである。そのような語義の広がりを、サキーナに関して一番依拠されることの多いイブン・カイイム・アルジャウズィーヤの整理に従って改めて見てみよう。[59]

彼によるとサキーナには独特の荘重さ（ワカール）が伴っていると解説され、その背景としては次の説明が行われている。サキーナは預言者や信者の心に降ろされるものであるが、それにより心には恐れも悲しさもなくなり、新たに三つのもので満たされる。第一は物事を知る光、第二は活力、第三は生命を吹き込む魂である。

そこでサキーナによって生命力は満ちることとなるが、それはアッラーの支配という真実に対する敬服（フシューウ）の念と一体でもある。この敬服の念は、真実を尊重し、それを称賛し、それに心を寄せるという三つの側面で形成される。この敬服の念もあって、独特の荘重さを醸し出すというのである。

さて引き続きイブン・カイイム・アルジャウズィーヤによると、特にサキーナが人の心に降ろされる状況というのは、その必要のある格別の瞬間、つまり強い迷いや疑念を持ち、追い詰められた苦悩の場面などだとされる。ちなみに預言者ムハンマドで言うと、クルアーンにも出てきた場面では、六二二年、敵に追われて洞窟に駆け込んだ時や、あるいは六二八年、苦戦したがフダイビヤでユダヤ勢力に勝利した時や、六三〇年、敵軍に囲まれたが最後は勝利したフナインの戦いなどが事例として引かれることとなる。

次いでは、サキーナによって人の心と行為に効果が現れるとされる。その第一は、自分の心を抑える自重心が増し、第二は、他人への思いやりや優しさが強まり、第三は、真実を追究する心が深まることである。言い換えれば、信仰とサキーナが互いに補強し合っているということになる。

またさらにサキーナによって、人は天命に従順になるともされる。それにも三つの側面が挙げられる。それは、定めに満足すること、迷わないこと、与えられた境遇に納得して留まることの三つである。

五、他の精神的諸側面への波及

信仰とサキーナを会得した後での精神面のテーマとしては、生きがい、幸福、愛情、慈悲、あるいは希望や悲しさの克服などが挙げられる。また安寧もその一つとして大きな課題であるが、それはサキーナの語義としても扱われるので、両者の関係についてまず取り上げることとしたい。

ア．安寧との関係

言葉の定義としてサキーナは、安寧（トゥムアニーナ）とほぼ同義であると捉えられる。しかしこれらをイスラームの信仰体系の中に置きなおすと、両者は異なる二つの世界に属するものとして、峻別されなければならないことが判明する。[60]

まず、第一にサキーナが天賦であり先天的であるのに対して、それ以外のすべての精神的な営みは後天的であるということがある。従って安寧も後天的であることが、サキーナとの基本的な差異であるということになる。

それを言い換えれば、サキーナは原因となるのに対して、安寧は結果であるということでもある。また前者は精神的な側面に限定されているのに対して、後者に関しては精神面に加えて治安や経済など生活一般についても安寧という状態が存在している。従って後者の方が、前者よりも広範囲なものであると言えよう。

あるいはサキーナは冷徹で固い内容であるとすれば、後者の安寧はより人の情感に訴える柔らかい内容であるとも表現される。そこで前者は人の意識や心を離れることもあるが、後者は人の心が常に意識して求める関係にあるということになる。

ちなみに安寧は信仰心の三段階を想定する際に、最後の第三段階の状態を指し示す用語でもある。その三段階とは次のとおりである。第一段階は悪に傾きやすい（アンマーラ・ビッスーイ）、第二段階は意識して身を正す（ラウワーマ）、そして第三段階は安寧（トゥムアニーナ）

であるとされる。こうして、安寧が信仰のもたらす最も安定した心境として観念されている。

他方クルアーン上、安寧はそのままのかたちでは一度も登場してこない。むしろそれは、時に現世的な欲望に浸って甘んじている（イトゥマアンナ）場合にも使用されている（ユーヌス章一〇：七）。つまりそれは、いわば地盤が非常に弱い用語であり概念である。それにもかかわらず信仰の第三段階として取り上げられ、後で見るように幸福の中心概念に祭り上げられているのである。このあたりはクルアーン以降の、後代の知識人たちの思索と研究の結果であるということになる。

イ．安心について

安心と安寧は日本語では似ているが、アラビア語では語根も異なり、二つの全く別な用語である。安寧は心の平静さであるが、一般的にその平静さが広まる心境として、安心（アムン）という用語がクルアーンには登場する。それは「あんしん」と読むよりは、「あんじん」と読ませる方が日本語の慣用にも従っているだろう。ただ心配がなくなったという「あんしん」ではないからだ。仏教的には「あんじん」は、悟りの道を歩むことであると定義されるようだ。

この安心について、イスラーム上でキー・ポイントとなるのは、信者はすべての恐怖をアッラーの最後の審判に集中することとなるので、他の恐怖心が払拭されるということである。それだけ安心感が増すということでもある。生活実感としても、死の恐怖について日頃日本で言われる程に、戦々恐々とした扱われ方はされていないと言えよう。誰でも死を免れることはなく、恐るべきものは最後の審判しかないということは、信者のまっとうな感覚なのである。

「言ってやるがいい。あなた方が逃れようとする死は、必ずあなた方を見舞うのです。」(合同礼拝章六二:八)

「確かにあなたは死ぬこととなるのです。かれらもまた死ぬのです。」(集団章三九:三〇)

「すべての魂は、死を味わうのです。復活の日には、あなた方は完全に報われるでしょう。誰でも(地獄の)火から遠ざけられ、楽園に入れられた人は、真に成功をおさめたのです。この世の生活は、ただ虚偽の享楽に過ぎません。」(イムラーン家章三:一八五)

これだけ死について確約されれば、読む人は誰しも死を迎えるのに少しは心のゆとりができるのであろう。死は消滅でもなければ幻想でもなく、それは生の家からもう一つの家に引越しすることであると観念されるのである。それは消え失せる家から、いつまでも存続する家への移転であり、したがって死ぬということは、あの世の家への引越しの感覚として捉えられる。

ちなみに安心、安全、信頼、信用などといったあたりの意味内容を包括しながらではあるが、安心とその派生形や活用形はクルアーンに実に八五八回も頻出している。使用回数がその言葉の重要性をそのまま反映しているとは限らないにしても、クルアーンに出てくる全語数である八万前後のほぼ一パーセントにもなるのだ。

ウ．幸福について

幸福（サアーダ）の議論は結局、幸せとは財産や子供の多いことではなく、目に見えないものであるが、心の安寧に尽きることがまず強調される。しかもそれはこの世の儚いものであってはならないとする。クルアーンにもしきりに出てくる事柄であるので、その諸例を引用しよう。

「あなた方の現世の生活は、遊びや戯れであり、また虚飾と互いの自己顕示であり、財産と子女の多さの張り合いだということを知りなさい。」（鉄章五七：二〇）

「あなた方の財産と子女は一つの試練であり、また**アッラー**にこそ、そして**かれ**の御元にこそ絶大な報奨があることを知りなさい。」（戦利品八：二八）

結局アッラーに認められるのは、財産や子女ではなく善行と篤信ぶりであり、幸せとは天国に行くことに集約されるのである。

「あなた方を**われら**に近づけるのは、財産でも子供でもありません。信仰して善行に勤しむ人には、かれらが行なったことの倍の報奨があり、かれらは安全な天国の高殿に住むのです。」（サバア章三四：三七）

天国の幸せとこの世の幸せの差異は、多言を要しない。前者は永久であり、後者は一時的なものに過ぎないということである。この永劫の幸せのことは、格別の言葉で呼ばれている。それは「トゥーバー」と呼ばれ、クルアーンには一度だけ出てくる用語である。それは善い（タイイブ）の最上級の形で、天国での安寧感と究極感を合わせたようなものと理解され、いずれにしても、それは天国でのみ篤信の人たちが達することのできる心境である。それはまた、地上と異なり永劫の状態にあることも、もう言うまでもない。

「信仰して、善行に励む人たちにとっては、至福（トゥーバー）がかれらのものとなり、（そこは）善美な帰り所なのです。」（雷章一三：二九）

エ．愛情と慈悲について

人が愛情（ホッブ）を持ち、慈悲（ラフマ）の心を働かせるのは、至って自然でありそこにイスラームがどのように関与するのかは、直ちには予想しにくい面があるかも知れない。そこでそれらの精神面も決して信仰の枠組みをはみ出て、それと無関係に独立しているのではないことを確かめることが、ここのポイントである。

愛情は、人の心がぶれないためにアッラーがしっかりその心を補足され、特定のものに結び付けられる現象だとされる。その中において、信者はアッラーを称賛し、敬愛し、そしてアッラーが好まれるものを好むように努める。またアッラーが嫌われるものは嫌うように努めるのである。そこで愛情とはアッラーが好まれるものに、特に結び付けられる現象であるということになる。

他方、慈悲は繊細な同情心という以上には定義が難しいとされる。ちなみにアッラーの慈悲とは人へ恵みを与え、功徳を授けることが内容となる。しかし一義的にはそのようなアッラーの示すような慈悲を、人が直接に他人に対して持つことはありえないのである。

そこである人が他人に持つ慈悲心とは、その他人に対してアッラーが慈悲を垂れることを願い、祈るという内容になる。ただし慈悲の言葉はより広義で緩やかにも用いられて、情け心一般という意義に用いられる場合もある。

以上のような固有の構造を持つ格好になっているが、いずれにしても愛情も慈悲も通常理解されているところとは、相当異なる状況にあることは間違いないといえよう。つまりいずれもアッラーが中軸にあるという構造なのである。

そこで多少繰り返しではあるが、愛情も慈悲もその出発点には信仰であり、サキーナが作用していることが改めて想起されるのである。

オ．生きがい　迷いのない人生

信念をもって静穏を保つことは、裏から言えばそれは迷いや不安がないということになる。それが幸福であることは議論も証明も必要ないところであろう。迷いが広がれば、生きる目的や生きがいとは何か、あるいは生は現世のみで死後はどうなるのであろうか、などの妄想が湧いてくる。そこで静穏は付和雷同の処世術を卒業することも意味しうる。

これも知られた逸話であるので、簡潔に記す。

ロバに父親が乗り、息子がその後ろから歩いていた。そうすると通りすがりの女性のグループが、子供がかわいそうと言って非難した。そこで乗り換えて、息子が乗って父親は歩くこととした。そうすると年寄りがかわいそう、という声がした。それではということで二人が乗ったら、今度は動物愛護の一団に出会った。彼らはロバがかわいそうだと言って非難した。そこで次には、二人とも歩くこととした。

ロバも含めて全員が歩いているので、次にはいたずら坊主の子供たちの茶化す声が聞こえてきた。息子は面食らってしまって、ロバを二人で背負うように父親に提案した。そこで高齢の父親は、そんなことをしたら二人とも疲れるだけではなく、人々はロバに乗っているべき人間に乗り物が担がれているとして、私たちを気違い扱いするだろうと諭した。そして言った、息子よ、結局は人の言うことに振り回されて、世間様におもねったり喜ばせようとしても仕方ないのだよ、と。[61]

真に迷いのない人生を歩みたいと願うことは、幸福であり生きがいであり、人としての尊厳の追求でもある。それらすべてに通底しているのは、迷いのないサキーナと、それと手を組む信仰心で組み立てられている一つの構造であるということは、既に明らかであろう。

クルアーンの次の言葉を引用しておきたい。

「一体全体、顔を伏せて歩く人と、まっすぐな道の上を正面向いて歩く人と、どちらがよく導かれるのでしょうか。」（大権章六七：二二）

クルアーンでは、迷いのない道をまっすぐな正しい道とも表されている。多くの人がそれを求める気持ちのいかに強いことか、その願望の全幅を想像し理解することは、現在の日本のような時代状況からしては容易でないかもしれない。複雑な仕組みと諸関係の中を卒《そつ》なく乗り越える技を知る世渡り上手の方が遥かに馴染みもあり、学ぶ点があるとも思われがちだからである。

イスラームはそれとはまるで逆の発想と立ち位置を占めることとなる。人生は頑迷とも見えるほどに、一徹な求道の日々なのである。このように人生観や処世観が相当かけ離れていることも、日本でイスラームが理解困難とされる大きな背景となっているのであろう。

「（わたしたちは）**あなた**だけに仕え、**あなた**だけに助けを求めます。わたしたちをまっすぐな道に導いてください。その道とは、**あなた**が恵みを与えた人びとの道であり、（それは）怒りをかうこともなく、迷ってもいない人びとの道です。」（開端章一：五—七）

これが実に、クルアーンの第一章を飾る言葉なのである。日本ではしきりに生きがいが問題視されるが、イスラームではそれは生きる目的という視点から取り上げられる。その回答は明確で、イスラームにおける生きる目的は、篤信に努め、日々善行を積み、一段一段と階段を上ることとして比喩的に提示される。

健筆家として著名なイブン・カイイム・アルジャウズィーヤ（一三五〇年没）の著『信者の階梯』の題目には、一段一段登るのだという発想が十分うかがわれる。生きる目的はアッラーの道に従うことであり、その程度を高めるということに集中されるのである。

顧みるに、人類の歴史が幾年月重ねられようとも、誰一人として人生の目的であるとか、それは一体何なのかという本質を知ることができないままに時間は過ぎているのである。また内省を重ねて行くと、人の子として民族、言語の違いを超えて、人間生存の本源的な断面が露呈されることになるだろう。つまり人が生きるということは、究極的には自分一人でもよいから生き続けたいという、生存本能とも言うべき状況に帰着するということである。

この迷いと反省のがけっぷちに立たされた瞬間に、イスラームは自分一人のあり方を越えて、再度、主の下での人類愛や人間存在全体の見地に立ち戻る契機と指針を与えてくれるのである。真善美を求める人の自然な気持ちにも、それらを総括するアッラーとの触れ合いにより一層の拍車がかかり、絶対的な信条に従い生きていることへの充足感ももたらす、言い換えれば、生きる意味、あるいは生きがいが与えられるのである。別の表現であるが、ちぢに乱れる人の心をはるかに超えて、別次元に立った生活が可能となるのだ、とも捉えられるのである。

イスラームでしきりに言われることは、この世の限りあることと、あの世の永劫であることである。「この世は雪で、あの世は真珠」とは美しい表現の中にこの世の儚《はかな》さを静かに諭《さと》してくれる。かかる事情を真実として直視するがゆえに、生きがいを求めるというように関係付けることもできる。

このように篤信一途という姿勢は、イスラームに限られるわけではないが、むしろイスラームでもその他の主要宗教と同様であることを確認しておきたい。そしてその篤信の道というのは、他でもなくアッラーの教えに則るということである以上、ここにもサキーナの働きが見て取れるのである。

カ．希望と悲しさの克服

人は現状以外の姿を描き、その実現を願う能力が与えられているが、それが希望（アマル）

である。そして希望があれば、その実現に向けて尽力するとともに、祈ることとなる。

祈ることはある事柄が実現するようにアッラーにお願いするのだが、それが叶うかどうかはアッラーのご差配次第だという了解である。だから実現しなくても失望はない。むしろ直ちに実現しない方が良いという何らかの理由があるのだろうが、自分がそれを知らないか理解していないだけだと察知するのである。あるいは、希望通りには実現しなくても、それ以外にいろいろ実現している御恵みに感謝することに忙しいかのいずれかである。

以上のような思考回路が、イスラームが信者に提供するものである。希望は果てしないが、その効果もまた果てしないものがある。いくらでも願いを聞いてもらえる相手が、いつもすぐそこに一緒に居ていただけるという安堵感である。それはまた自分を決して見逃さない、監視役でもある。

病気になってもその治癒をお願いできる。ただしアッラーは人の生死自体を左右される御方でもある。

「また病気になれば、**かれ**はわたしを癒します。**かれ**はわたしを死なせ、それから生き返らせるお方です。」（詩人たち章二六：八〇、八一）

人は過ちを犯しがちであるが、それも赦されることとなる。

「則を越えて、自らを害したわたしの僕たちに言いなさい。それでも**アッラー**の慈悲に対して、絶望してはならない。**アッラー**は、確かにすべての罪を赦されます。**かれ**はよく赦す方、慈悲深いお方なのです。」（集団章三九：五三）

高齢を迎えても、永劫の楽園に入るという生きがいが与えられている。

「永遠の楽園は慈悲深いお方が、**かれ**の僕たちに、目には見えないが約束したものです。確かに**かれ**の約束は、完遂されます。かれらは、そこで無駄話を聞かず、平安あれ（という言葉）だけがあります。[62] そこでかれらには、朝な夕なに、自分たちの糧があります。」（マルヤム章一九：六一、六二）

*

過度の悲しさ（フズン）や失望（ヤアス）には警告が発せられる。それは多くの恵みを忘れているという意味で、不信仰の道を開くからであるとされる。

「わたしの息子たちよ、ユースフとかれの弟を探しに出かけなさい。**アッラー**の慈悲に絶望してはいけません。非信者の他は、**アッラー**の慈悲に絶望しません。」（ユースフ章一二：八七）

「迷い去った人の他、誰がかれの主の慈悲に絶望するでしょうか。」（アル・ヒジュル章一五：五六）

これほど明確に示され諭されても、人間こそは迷える存在である。「**われら**がある人に恩恵を授けると、かれは身をそって、（威張って）外方（そっぽ）を向くが、災厄が襲えば、かれは絶望してしまうのです。」（夜の旅章一七：八三）「人間は幸福を祈って、疲れることを知りません。だが不幸に見舞われると、落胆し絶望するのです。」（解説された章四一：四九）

このようにクルアーンでは悲しさについて多くの言及がある。それは、希望や失望とは比較にならないほどである。因みに回数だけで見ると、希望は二回、失望は一三回、そして悲しさは、多数の活用形や派生形を含めて、四二回に上っている。

六、サキーナ論の展開

「アルサキーナ」とアラビア語で検索すると、膨大な情報がヒットする。その理由は、サキーナがある種信者の理想郷のように捉えられており、その心境を教育や政策の目標として掲げたいという気持ちが強く働いていることが、その背景となっているのではないかと見られる。以下にサイト上でサキーナがどのようにもてはやされているかを見てみたい。

ア．ウェブ・サイトの世界

＊癒し系サイト

例えば、「魂の静穏」といったサイトのタイトルで数々の癒し系の言葉を掲載しているものもあれば、あるいはクルアーンでサキーナの言葉が出てくる六節を記憶させるため音声も入れたサイトも見られる。もちろんツイッターなどSNSを使用して往復可能な方途により、質疑応答や情報交換が可能になったスタイルのものもある。

＊教育系サイト

上記と同様、SNSによる児童教育のサイトにはサキーナを掲げたものが多く見られる。そこでは、安寧、安定、静寂、優しさ、安心、重厚さ、荘重さなどがサキーナの内容であり、それらは、悲しさ、弱さ、反抗心などとは真逆であると諭されることとなる。

＊政治社会系サイト

サウジアラビアのテロ対策のため、宗教省指導の下で対話キャンペーンが推進されているが、その一環として「サキーナ・キャンペーン」という名称のサイトが運営されている。そこではテロ関連の情報が流されたり、イスラームの反テロリズムの立場が強調されたりしている。また緊張度が増すレバノン北部のトリポリ市を中心として政治団体が結成されたが、事態の平静化を狙って「イスラーム・サキーナ組織」という名称のサイトを立ち上げた。またアラブ世界における麻薬対策として、NPOにより「サキーナの家」という名称のサイトが立ち上げられている。そこでは麻薬常習者への指導に力が注がれているが、そのような脈絡でサキーナが登場してくるのである。

イ．指導的イマームのサイト

現代イスラーム世界の指導的なイマームの一人として高名なユーセフ・アルカラダーウィー（一九二六年、エジプト生まれ、カタル在住）は自分のサイトで次のようにサキーナについて述べている。[63]

「アッラーに依存するのは、善い果実をもたらす樹木に頼るようなものだ。精神と生活に、個人と共同体に善い果実をもたらす。一番善いのは、精神の静穏、心の安寧をアッラーからもらい、それらが自分の隅々まで満ちることを感じ、人々が恐れる時に安心を、人々が動揺するときに平静を、人々が疑念を持つときに確信を、人々が不安な時に確実さを、人々が自暴自棄になる時に希望を、そして人々が怒る時に喜びを授かることだ。」

おわりに

ここで以上のサキーナの検討を、まとめておこう。

その発端は種々の苦悩や窮地に陥《おちい》るといった極限状態に限らず、平生の信仰の所作において十分見出される。様々な預言者伝承を見ても、例えばクルアーンを読誦する時、知識を熱望しそれを獲得した時、諸義務を果たしあるいは諸権利を全うした時、他の信者に対して善行を積んだ時、誠実に懇願した時、天性に素直に従った時などが枚挙される。

次いではサキーナのもたらす果実としては、以下が列挙される。僕《しもべ》に対してアッラーが満悦されること、アッラーへの確信が増強されること、アッラーと預言者への服従の気持ちが確かになること、信者の心を安定させて安寧をもたらすこと、その人のアッラーへの喜悦が増すこと、他人へますます優しくなること、恐れを失くし悲しさを慰めることなどである。それらはすべて、信心の深化として理解される諸側面といえよう。

ここまできて持たれる一つの疑問は、安寧や安心という用語があるのにどうしてサキーナが格別の存在として登場することになったのかという点である。もちろんそれは啓示が出発点ではあるが、他方天啓だということの他にその存立基盤を確かめることはその理解を助けもするだろう。

一番の大きな要因は、やはり信仰というものとまさに直結した形の平静さを独立した観念として求めるという心的、宗教的な需要があるということであろう。それはまさしく啓示が直観に基づく認識方法として格別であるのと同様に、サキーナは荘重さを伴った平静さであり、それは現世的な諸価値を超越した感覚であろうし、より永劫性を感じさせるなど格別であると言うのに相応しい実質を伴ったものとして提示されるのである。

また試合に臨む選手の心境のように、活力に満ちてはいるが静寂さも伴っている例が挙げられ、そのように現実経験上も格別な平静さが存在することが知られているということも背景にあったのであろう。さらには結果として、誰しも授かるというサキーナを導入することで、イスラーム信仰の万人性と世界性の基礎も確保されたといえよう。

次に疑問として湧いてくるのは、イスラームの挨拶に関するものである。「アッサラーム・アライクム」という言葉は既に日本でも広く知られつつある。その意味は、「あなたに、平安あれ」であることも知られている。ところでここでいう、「平安」とは何を意味しているのであろうか。それはただに戦争や抗争がないという状態を指しているのかどうかという疑問である。

その「平安」は、あるいはより積極的にサキーナの支配するような状況が念頭にあって、それを指して言っているのではないだろうか。ただ戦争のない平和であれば、「シルム」という同じ語根から来る派生形の用語もある。ちなみに「サラーム」の辞書的な意味としては、「平安」以外にも、アッラーの美称の一つ、挨拶、無謬、安心、和平（ソルフ）などの意味もある。「サラーム」はアッラーに服従し帰依した状態であるので、平穏であるとともに、そこにはサキーナが横溢《おういつ》していることは間違いない。天国に入る時の挨拶も「アッサラーム・アライクム」であるし、天国における互いの挨拶も「アッサラーム・アライクム」なのである。元々戦争どころかあらゆる争いのないのが天国なのだから、やはり「サラーム」はただ戦争状態にないという消極的な意味よりは、もっと積極的な内容であり、肯定的にサキーナが念頭にあると考える方が自然でもあるようだ。

以上の推論は信者の日々の心理の理解如何《いかん》という問題であり、やはり基本的な重みのある話である。ただしこれほど研ぎ澄まされた領域の問題となると、ムスリムと言っても一様な回答は期待できない恐れはある。[64]

49　註

クルアーン上の「サキーナ」の用法や、類義語との比較に関する学術論文としては、マハムード・ムハンマド・アブド・ハース「クルアーンにおけるサキーナとその類義語、客観的研究」ガザ・イスラーム大学、二〇一二年。また説教の一例としては、エジプトのマハムード・ラビーブ師による https://www.youtube.com/watch?v=dGX3temma5Q 二〇一四年五月一日検索。

50

前出イブン・マンズール『アラブの舌』「サキーナ」の項では、「動きがなく、静かなこと、それは雨風、暑さ、寒さ、怒りなど何でも該当する。それは優しさ、荘重さである。」とあるが、「サキーナ」には「夏場の強風」という逆説的な意味もあるとされる。第二巻、二四七頁。アルファイルーズ・ザーバーディー（一四一四年没）『アルカームース・アルムヒート（大洋の辞書）』ベイルート、出版年不詳、全四巻、には、「サキーナ、あるいはスィッキーナとも読まれるが、安寧のこと。クルアーンではアッラーからのサキーナとあるが、安住できるものを指す。」とある。第四巻、二三五頁。なおサキーナの語源はヘブライ語のシャヒーナであるとの説もある。そのヘブライ語の意味は、神聖な事柄についての静けさ、休息、神の出現。ナビール・アルファイド「イスラームにおけるサキーナ」http://thevoiceofreason.de/ar/1465/print.html. 二〇一四年二月二七日検索。

51

フダイビヤのマスジド・アッシャジャラ（樹木モスク）にあった木の下であったが、それは桜の木であった由。日本から見れば格別の興味が湧く。樹木モスクは別名、マスジド・アルカラズ（桜モスク）とも呼ばれた。預言者所縁の木として人々が聖木として崇め始めたので、第二代正統カリフ・ウマルが伐採を命じた。
52 前出、アルファースィー『禁忌ある街に関する情報の飢えの治癒』ベイルート、二〇〇二年。第一巻、二六八—二六九頁。
53 前出アルジール『イスラームの預言者物語』六三—六五頁を適宜編集。
54 前出『日訳サヒーフ・ムスリム』第一巻、五九頁。
55 同上、第一巻、四〇七頁。
56 同上、第一巻、五四三頁。
57 同上、第三巻、六〇八頁。
58 同上、第三巻、三一四頁。
59 本節の引用はすべて、イブン・カイイム・アルジャウズィーヤ『マダーリジュ・アルサーリキーン（道行く人の階梯）』、ベイルート、二〇一三年。六四六頁。
60 同上、六五〇頁。
61 安寧との比較について特化した論文としては、サラーフ・アルディーン・サーリム・ムハンマド「クルアーンにおけるサキーナと安寧　実例研究」モースル大学、イスラーム学部雑誌、二〇一二年。第六巻、一二号、三五頁。

これは一〇—一三世紀頃のアラブのジュハ物語にあるが、イソップ物語由来とされる。イソップ物語では、二人は最後にロバを担いだが橋の上から川に落として、結局市場で売ることができなかったという結論になっている。それがジュハ物語では道徳論になっている点は興味深い。

62　ここは「平安あれ」という挨拶ではなく、一般に「平穏な話」とする解釈もある。楽園では挨拶以外に、種々の会話もある。確かに楽園には、元々平安はあるからだ。

63　ユースフ・アルカラダーウィー「サキーナと安寧」http://www.qaradawi.net/articles/86 二〇一四年二月二七日検索。

64　本章は、拙論「サキーナについて」、『イスラーム信仰とその基礎概念』晃洋書房、二〇一五年所収、七九―一一二頁を改訂した。

第六章　ルーフ（魂）・ナフス（精神）関連

イスラームでアッラーが創造された最も偉大なものは、魂であるとも言われる。それは人の生死を決定するもので、魂が入れば人は生きて、それが抜ければ死ぬこととなる。他方精神は日々出入りしており、夜寝ている間はそれは身体から離れているが、翌朝戻るので人は意識を取り戻すとされる。信仰を語る際には、このような霊界を信じるかどうかが分岐点となるので、宗教一般に取って重大な問題とも言えよう。なお喜怒哀楽の世界は心の問題として、心論と称される分野も別途発達したが、本章では心論は取り上げていない。

イスラームの「魂」論に入る前に、「魂」というテーマが話題となり、真剣に考えることも少なくなった現代社会に鑑《かんが》み、今一度この主題の位置づけを顧《かえり》みておきたい。「魂は、とくに肉体をつかさどる魄（注：読み方は「たましい」だが、魂と偏が異なる）に対して精神をつかさどる精気をいい、こころ、おもいなども意味している。」とされる。人に心はあるので、この世は物質だけとは大半の人が考えてはいないのではないだろうか。他方、科学を前にして、「魂」を実在として扱うことはほとんどなくなった。ただし「文明諸宗教の説く霊魂実在の信仰は、人間の価値的コミットメントによって、現実の生活に意味を創造させるものであることを忘れてはならない[65]。」と位置付けられる。宗教信仰を否定するものとしては、無神論や物質主義があるが、それらとの分岐点はまさしく「魂」の存在を認めるかどうかにかかっているとも言えよう。そうすると多くの人は人間の心は実在と認め、さらに「文明諸宗教の説く霊魂実在の信仰」を持つ人は、「魂」が実在すると捉えるということになる。

さて、ここからイスラームに移る。イスラームでは「魂」は、アッラーが創られた中でも、最も偉大で誉《ほま》れ高きものの一つとされる。そしてそれは人が完全に知ることは不可能であり、それはアッラー専属の事柄であるとされる。

いずれにしても、「魂（ルーフ）」は目には見えない存在だが、人の生命を左右する働きを持つものとされる。このように命を授けそれを奪うという魂は、どこから来てどこへ行くのか、そしてそれはアッラーによる復活の営みに際してどのような動きをすることになるのか、あるいはまた、信仰との関係はどのように説明されるか。さらには精神（ナフス）との異同もいろいろ議論されてきた課題である。こういった魂の多岐に渉る意味合いを探求するのが、本章の目的である。問題の性質上当然ではあるが、その執着振りは、現代の日本人を驚かせるものがあると言えよう。

クルアーンには「ルーフ」の用語は、二一回登場する。[66] ただしその意味は解釈上、魂（二一：九一他）、息（二一：八七、六六：一二）、啓示（一六：二、四〇：一五、四二：五二）、天使ジブリール（二九：一七、一六：一〇二、二六：一九三、七八：三八、七〇：四、九七：四）などに分かれる。その中で、魂の意味で使用されているのは一〇回に上っているので、内容を限定するのには相当役立つ。

それもあってか細かなところは異なるとしても、定義としては歴史上あまり大きな議論を惹起しないで推移してきたといえよう。ちなみに魂を中心的なテーマとして、かつ「ルーフ」というタイトルを冠した校訂本が出版されているのは、イブン・カイイム・アルジャウズィーヤ著『アルルーフ（魂）』くらいである。[67] 同書が多数の預言者伝承も踏まえているのは、手法としては当然である。そこでクルアーンやアルジャウズィーヤの著作を主たる典拠として、ルーフの概要を見てみよう。[68]

一、クルアーンでの扱い方

まずは一〇箇所における、魂の登場の仕方を見てみよう。

初めには、マルヤムの子である預言者イーサーに魂が入れられる話である。イーサーはアッラーにより授けられた魂により生まれたのであり、また魂により強められたとある。

①「**われら**はマルヤムの子イーサーに明証を与え、清魂によってかれを強めました。」（雌牛章二：二五三）

②「マルヤムの子マスィーフ・イーサーは、ただ**アッラー**の使徒です。そしてマルヤムに授けられた言葉と魂は、**かれ**からのものです。」（女性章四：一七一）

③「**わたし**があなたを清魂によって強めたので、あなたはゆりかごの中でも成人してからも、

人びとに語りかけることができました。」（食卓章：五：一一〇）

④「また自分の貞節を守った女性（マルヤム）を（思い出しなさい）。**われら**はかの女に**われら**の霊魂を吹き込み、かの女とその子（イーサー）を、すべての世界のための印としました。」（預言者章二一：九一）

次には一般に人間に魂を入れる話である。アッラーの魂が吹き込まれて生まれた人間は、天使も平伏しなければならず、その魂により人間の信仰は強められるとある。

⑤「だから**わたし**がかれを（完全に）形作り、かれに**わたし**の霊魂を吹き込んだら、かれにひれ伏しなさいと。」（アル・ヒジュル章一五：二九）

⑥「さらに**かれ**は、かれ（人間）を形造り、**かれ**の魂をかれに吹き込み、そしてあなた方のために聴覚と視覚と心をもうけました。」（平伏礼章三二：九）

⑦「それで**わたし**がかれ（人間）を形作り、それに**わたし**の魂を吹き込んだなら、あなた方

は跪《ひざまず》いてかれに平伏礼しなさい。」（サード章三八：七二）

⑧「たとえかれら（反抗する人たち）がかれら（信者たち）の父や、子、兄弟や一族であっても。かれはこれらの人（信者）たちの心の中に信仰を書き留め、**かれ**の霊魂によって強めます。」（争議章五八：二二）

以上とは少し異なった意味合いに受け取られるのは、次の節である。そこでは魂といった問題は、人にはそもそも分かりづらいのだという意味として説明されるのである。しかしそこにいう「清霊」とは天使ジブリールを指しているとも解釈されるので、その場合には、人に分かりづらいかどうかといった問題とは関係ないということになる。

⑨「またかれらは、清魂についてあなた（ムハンマド）に問います。言いなさい。清魂はわたしの主が扱われる事柄です。」（夜の旅章一七：八五、この節で二回登場）

総じて言えば、クルアーンにおいては、魂とは何かといった一般的な定義は与えられないで、その機能や役割に言及されることが専らであるということになる。

二、『アルルーフ』とそのまとめ

それではアルジャウズィーヤの著書『アルルーフ』を見直してみて、我々の関心に沿うポイントに絞って整理することとしたい。なお大きくは、同書は魂に関する章、墓に関する章、精神に関する章の三分野に分かれて執筆されているので、ここでは魂と精神に関する部分について取り上げることとする。[69]

(一) 魂も死ぬのか、それとも体だけが死ぬのか[70]

魂も死ぬとするのが、通常の理解である。

「地上にあるすべてのものは、消滅します。だが威厳と栄誉の持ち主である、あなたの主の尊顔は、残ります。」(慈悲あまねく御方章五五：二六、二七)

さらに次にあるように二度死ぬとは、一度目は体で、二度目は魂の死だとされる。

「主よ、**あなた**はわたしたちを二度死なせ、二度甦らせました。[71]」(赦すお方章四〇：一一)

ただし「最初(現世で)の死の他に、そこ(来世)で(再び)死を味わうことはなく、燃える地獄の火の責め苦から守られます。」(煙霧章四四：五六)とあるので、信者には一度目の死しか訪れることはない。次の節もそれを語っている。

「**かれ**は、生のないあなた方に生を与えました。それから**かれ**は、あなた方に死を与え、さらに生を与えて、その後**かれ**の御元《みもと》にあなた方は帰るのです。」（雌牛章二：二八）

なお「二度蘇《よみがえ》らされました。」（赦すお方章四〇：一一）とあるのは、上の雌牛章の節にあるように、生誕は一度目の蘇りと数えるので注意を要する。

ここで少し話はそれるようだが、復活の日に吹かれるラッパの音で気絶するとあるのは、死亡を意味するのかどうかで議論されてきた。

「ラッパが吹かれると、諸天にあるもの、また地上にあるものも、アッラーが御望みになる者の他は気絶します。次にラッパが吹かれると、見よ、かれらは起き上って見回します。」（集団章三九：六八）

気絶するとは死亡のことかどうかは、クルアーン解釈の問題であり、ここでは深入りをする必要はない。いずれにしても息を吹き返すか、あるいは復活させられるからである。

また「お望みになられる者のほかは気絶します。」とあるので、この例外に相当するのは誰かについても、議論がある。それは天使たちである、あるいは天国の美人たちだといった解釈論争がある。ましてや諸預言者は言うまでもなく、この例外の中に入っているとも解されるのである。

（二）死亡と復活の日までの間の魂の居場所はどこか[72]

これは百家争鳴の問題である。多くの解釈が出てくる原因は、あまり確固たる預言者伝承でないものが多数伝えられているということである。さらにはそうなる原因は、クルアーンにも明確な言及がされていないことである。

例えば一説には、魂は埋葬後、七日間はどこにも行かないで墓の中に留まっているとも言われる。それにはクルアーンはもとより、預言者伝承の中にもしっかりした根拠は見出されていないが、人口に膾炙しているのである。

①信者の魂は天国に行くという説

天国に行くと主張する根拠は、次のクルアーンの節である。

「もしかれが、（**アッラー**）に近付けられた人であるなら、（かれには）休息と喜悦、そして快適の楽園があります。」（出来事章五六：八八、八九）

次の説も根拠として挙げられるが、アラビア語としては「ルーフ」ではなく、「ナフス（精神）」が用いられている。

「（善行をしてきた者よ）おお、安寧の魂よ、（あなたは）喜悦し、（**わたし**の）満悦にあずかりながら、あなたの主に返りなさい。あなたは、**わたし**に従う人たちの中に入りなさい。あ

なたは、**わたし**の楽園に入りなさい。」（暁章八九：二七―三〇）

「信者の魂（ナサマ）は天国の樹木に止まっている鳥である。」という預言者伝承も残されているが、この伝承の真否に関しては議論されてきた。

さらに信者の魂は、アッラーの下にいるという説もある。その根拠は次の節である。殉死者は明確に信者であるので、信者の魂一般に含まれると考えられる。

「**アッラー**の道において殺された人たちを、死んだと思ってはいけません。いいえ。かれらの命は主の御元で扶養されています。」（イムラーン家章三：一六九）

②天国以外の諸説

・墓の空間にいるが、それは墓の入口近くだという説

・時と場合によって強弱や大小など状態が変化し、また集合離散するなど様々であるとする説

・水場に集合するという説（地上最善の水場はマッカのザムザム泉であり、非信者の魂の集まる最悪の水場はイエメンのバルフートの泉だとされる）

・地上に集合するという説（「**われら**はその戒め（ムーサーへの十戒）と同様、（ダーウードへの）詩篇の中に、確かに**わたし**の正しい僕がこの大地を継ぐと記しました。」（預言者章

二一：一〇五）、あるいは「**アッラー**は、あなた方の中で信仰して善行に勤しむ人たちに約束しました。かれら以前の人びとに継がせたように、この大地をかれらに継がせることを。」（御光章二四：五五）とあるのが根拠とされる）

・最上階の第七天にいるという説

・信者の魂は第一天にいるアーダムの右側に、非信者のそれは左側にいるという説

・この世とあの世の中間にある障壁（バルザフ）にいるという説（「かれらが甦らされる（復活の）日まで、かれらの後ろには（戻れない）壁（バルザフ）[73]があります。」（信者たち章二三：一〇〇））

・他の形状になっているという説（「どのような形態であれ、**かれ**の御心のままにあなたを組み立てられたのです。」（裂ける章八二：八））

③結論

結論として言えるのは、諸説あるにしても互いに矛盾しているのではなく、魂は復活の日まで過ごすバルザフと称される中間段階では、色々なところにいるということである。

まず七層ある天上に諸預言者がいることは、預言者ムハンマドが昇天した際に見たところであるが、彼らの魂はそこにいるということになる。また殉教者の魂は鳥となって、天国で随所

に飛び回っているだろう。墓の中にいる場合もあるだろうし、一般に低俗な魂は地上にとどまるだろう。さらには姦通したような者の魂は、地獄にある血の川を泳ぎ、岩を飲まされるだろう。

こうして魂というものは、母親のお腹にある胎児がいずれ出生して、外界に出る様子にたとえられる。第一段階は、暗くて狭い胎内にいるようなもので、人の身体に宿っている。次いでそれは生育して善悪を知り、苦楽を知る段階を通過する。第三段階は魂が肉体から外に出た後で、バルザフという中間の段階である。それははるかに大きな居所である。そして第四段階の最後の居所は、復活後の天国か地獄である。

（三）最後の審判の時には、魂は墓の中の死者に戻るのか[74]

魂は復活に際して、それが宿っていた肉体に戻されるとする説で統一されている。そのプロセスに関しては、善人用と悪人用の天使が仲介するが、それは逸話のようにして多くが語られてきた。

善人が天国に入り、悪人は地獄行となるのは、以下の節の通りである。

「**われら**の印を嘘呼ばわりし、それ（印）に対して高慢であった人たちには、天の門は開かれません。ラクダが針の穴を通ったとしても、かれらは楽園に入れません。このように**われら**は

罪深い人に報いるのです。」（高壁章七：四〇）

墓の中の死者が生きているとか、聴覚は働いているとかいう説もあるが、そういった諸説は次の一節を正しく読むべきである。ただし死去してから魂が戻った状態は完全には元の生前の状態と同じではないし、また睡眠の状態にあるとは言っても、魂が抜けた後の死者とは異なっている。いずれも二つの状態の中間のような格好であると言えよう。[75]

「**アッラー**はかれら（人間）が死ぬとその魂を召集し、また死なない者も睡眠の間に（魂を召集し）、**かれ**は死の宣告をした者の魂をそのまま（戻さずに）引き留め、その他のものは定められた時刻に送り返します。」（集団章三九：四二）

預言者ムハンマドが昇天した際に、天上の第一層から第七層までにおいて歴代の預言者と会ったとされているが、それは比喩的に考えるべきで、歴代の預言者たちの魂に出会ったということである。彼らの亡骸は墓に留まっていたとしないと、矛盾をきたすこととなるからだ。また諸預言者が身体を伴っていたとすれば、復活に際しては預言者ムハンマドが先頭に立って天国入りするという事とも合致しなくなる。

悪い魂のあった肉体には、墓の中で責めが始められるという。まず肋骨が軋《きし》むほどに墓の幅が狭まるということだ。しかしその苦痛は身体的なものだけか、あるいは魂も同様に責め立てられるのかが議論を呼んできた。

まず中間段階にあるバルザフといわれる時点から、不信や悪行に対する責めは開始されるということがある。その時点から魂にも及ぶのか、ということが争点なのである。肉体に戻されてから苦痛があるのは当然だからである。イブン・タイミーヤらは正統派の多数意見として、バルザフであっても魂は責められもするし、また享楽を味わうこともあるとする。それは哲学者らが復活さえも否定する立場に対抗しているのである。

そこでムスリムがアッラーに対して助力を求める際には、地獄の責め、墓の責め、そして偽預言者の試練から逃れることを祈るのがよく見られるようになった。

（四）精神（ナフス）と魂（ルーフ）は同じことか、それとも別なものか[76]

「精神」と「魂」は同じだとする人も少くないが、やはり異なっているという説に傾く。クルアーンにおける使い方として「ルーフ」は魂以外に啓示などの意味にも使われているが、ここでは「精神」及び「魂」に当たる用語として「ナフス」を見ることにしよう。まずそれは、自身という意味でしきりに登場する。

「またあなた方自身（ナフス）を殺してはいけません。」[77]（女性章四：二九）

「その（審判の）日、すべての人びとは自身（ナフス）のために嘆願するのですが、すべての人びとは、（自分が）行なったことにより十分に報われ、不当に扱われることはありません。」

（蜜蜂章一六：一一一）

以下は、明白に「魂（もしくは心）」を指している場合である。

「おお、安寧の魂（ナフス）よ、（あなたは）喜悦し、（**わたし**の）満悦にあずかりながら、あなたの主に返りなさい。」（暁章八九：二七―二八）

「あなた（ムハンマド）は不正を行なう人が死の苦痛の中にあるとき、天使たちが手を伸ばして（言うのを）見るでしょう。あなた方の魂（ナフス）を渡しなさい。あなた方は今日、不名誉な苦痛をもって報われるのです。」（家畜章六：九三）

「だが主のところに立つことを恐れた者、また妄欲に対し心（ナフス）を抑えた者は、間違いなく楽園が住まいとなるでしょう。」（引き離すもの章七九：四〇）

「またわたし自身、完璧ではありません。真に、わたしの主が慈悲をかけない限り、人間の心（ナフス）は悪に傾きやすいものです。[78]」（ユースフ章一二：五三）

ナフスは睡眠の度に身体を出入りするが、ルーフは生命の有無を決定する。しかし両者は機能が異なるとは言っても、本質的に異なるというものでもない。血液はナフスと呼ばれるが、それがなくなると命もなくなるのだ。また睡眠中もナフスは完全に出てしまうのではなく、夢を見るのはナフスの刺激があるからだ。つまりナフスは夢の映像を急ぎ持ち帰るということである。

ただし人によっては、ナフスは火と泥で出来ている、そしてルーフは光と霊だと規定する。そのほか種々の整理の仕方が提示されている。自分（アルジャウズィーヤ）の考えは、アッラーによって支配されている点では、ルーフもナフスも同じだ。しかしルーフの本質であるアッラーを知り、アッラーを愛し、アッラーを追い求めることがなくなれば、それはもはや精神もないただの肉体と化してしまう。他方、知識、善、誠実さ、愛情、専念、依拠、信頼などは、精神の働きだとしても、それらすべてにおいてルーフが作動していると言わねばならない。

（五）精神の実態について[79]

精神は体の一部か、そしてその部位か、あるいは体内に安住するのか、それとも純粋な宝石のようなものか。それは魂なのか。迷い、責め、そして安寧は全て一つの精神に宿るのか。それとも三つ別々の精神なのか。こういった諸点に関して、実に様々な見解が出されてきた。しかし自分（アルジャウズィーヤ）の見るところ、次の考えが最も多くの支持を得ており、またその証拠も多く挙げることができる。

つまり、精神は身体（ジスム）とは異なる実体（ジスム）である。それは光があり、高度で、動くことができる。それは身体を流れており、バラを流れる水、オリーブを流れる油、石炭を流れる火のようなものである。それにより意志力、運動力、そして意識力を生み出している。

それらが混在して腐り始めるとそれらを受け取ることができなくなるので、魂（ルーフ）は身体から出て行くこととなる。

見るべき証拠は、次のクルアーンの節である。そこではアッラーは魂を召されるか、引き留められるか、あるいは送り返されるかの三つの対応が明示されている。

「**アッラー**はかれら（人間）が死ぬとその魂を召集し、また死なない者も睡眠の間に（それを召集し）、**かれ**は死の宣告をした者の魂をそのまま（戻さずに）引き留め、その他のものは定められた時刻に送り返します。」（集団章三九：四二）

信者の魂は、二人の天使に導かれて天国へと行き、そこでは鳥の姿で自由に飛び回っているとする預言者伝承が様々に伝えられてきた。さらに復活の日には、魂はもといた体に戻ってくるが、その時魂と身体は互いに挨拶するとも伝えられている。

精神は身体とは別の実体であり、身体を動かす力を持っている。それは本質的なものであり、偶然に存在するという性格ではない。またそれは誰でも意識している事柄であり、その意識が存在の証拠でもある。

精神と身体とは別である。例えば、身体は老いるが、知的精神は老いることはない。また相対する二者（白と黒や寒暖など）は、同時に身体に宿ることはできないが、精神にはそれが可能である。しかし精神は身体を通してのみ、作動することが可能になる。

以下は哲学者や論理派神学者たちの過ちに対する反論である。

①精神は独立していないこと。

精神と身体とは別物であると言っても、精神が独立の実体（ジャサド）を持っているということではない。精神が身体に入っても、重量や容積が増えることはないのである。別の実体だとする哲学者たちの説に対しては、哲学者たちは、空気、火、水などを実体に挙げるが、アラビア語ではそれらは実体とは呼んでいないことを指摘したい。移動や感情などの精神の活動を比喩的に表現する手段としてあたかも実体があるように言うことがあるとしても、これは言葉の定義の問題ということになる。

②精神は分割されないこと。

アッラーの様々な能力や性質を否定して、アッラーには存在するという一つのことしかないと主張するのは、クルアーンなどに反していて明らかに誤りである。アッラーの多岐にわたる営みは多くの印によって明らかで確定されているが、それは一元であることも論を待たない。精神も同様で分別されないものであり、それは水の一部は全体と直ちに融合するようなものである。

③精神の中の映像は、分離されないこと。

精神に生じる完全な映像は、精神力によって分離できるとする。しかし例えば人類という一つの映像は人類全体そのものであり、知識は一部分に関係するのに過ぎないのとは異なっている。分離されたように見えることがあれば、それは非本質的な部分が除去されて、対象が純粋に取り上げられる場合である。

④無限ではないこと。

精神活動にも限りがあること。その点、肉体と同様である。際限のない最高の段階は、アッラーである。しかし年齢と精神活動は完全には一致しない。

「あなた方の中には（若くして）命を奪われる人も、またよく知っていたことを忘れるほど、老齢に達する人もいます。」（巡礼章二二：五）

⑤精神があっても、精神力はないこと。

精神は身体の中の特定の実体であるという前提で、精神に精神力があるとする見解は過ちであることは、既に上記よりして明らかだ。

⑥イメージは本質とは異なる。

白と黒という異なるイメージの本質は、精神という実体の中に存在するという主張は成り立たない。精神は独立の実体を占めるものでなく、また分割されないことは上述したし、映写されたイメージが本質と同一であるという扱いも支持されない。

⑦精神的な知識はバラバラではない。

認識は異なる固まりに存在し、従って知識はそれぞれ異なる固まりに在るとするが、それは認識の対象が肉体的なものに限られる。たとえば性欲や怒りなどの感情は一つの固まりにあって、その反対の存在は別の異なる固まりに収められるのである。

⑧知識は精神的なものである。

知識は精神的な刻印であり、それは物的なものとは違って、再度別の刻印が押される可能性がある。肉体は精神なくして活動しないが、逆に肉体なしでも精神は活動し影響を及ぼすことが可能である。

⑨意欲と実践に時差はない。

精神は実体であるので、行動の意欲と実際の行動の間には時間経過があると主張する説は妥当しない。独立の実体でないということは上述したが、意欲と実践の関係も一様ではないからだ。時間経過に関係しないで反応する場合が、視覚、聴覚、臭覚などのいずれの働きにもある。

⑩不可分の精神は、アッラーの意思による。

精神が実体であるので、それは分割され、意識も在ったりなかったりすると主張する人もいる。しかしそれは過ちであり、忘れたり忘れなかったりするのは、アッラーの意思によるのである。

「あなた方は、**アッラー**を忘れた人のようであってはいけません。（そうすると）**かれ**は、かれら自身（精神・ナフス）を忘れさせるのです。」（集合章五九：一九）

⑪精神は重量をともなわない。

実体が加われば重量が増えるとするのは、当たらない場合もある。木材に火がつけば、軽くなるのである。

⑫精神の影響は、その存在の証明である。

精神の効果と影響があること自体が、その存在の最強の証拠である。それは絶対主の存在と同様である。

⑬精神の創造とその元素は別物である。

精神はある実体から創造されたにしても、それはもはや精神と同じではない。それは人間が創造された後は、創造前の元素とは異なるのと同じである。

⑭精神は別の精神を必要としない。

精神は分割不可能である。また独立の実体ではないので、存続のために他の精神を必要とするというのは当たっていない。

⑮精神は身体に静かに入る。

一般に精神が身体に入る状況は、水が土壌に入るのよりも静かで穏やかに入るのである。

(六)魂・精神と信仰[80]

①安寧と信仰

すべてを最終的には天命として受け入れるのが、信者の安寧の基本である。

「地上において、またあなた方の身の上において起こるどのような災厄も、ひとつとして**われら**がそれをもたらす前に、書板に記されていないものはありません。それは**アッラー**には容易なことです。それはあなた方が失ったものに悲しまず、与えられたものに喜びすぎないためです。**アッラー**は、自惚れの強い自慢気な人を好まれません。」（鉄章五七：二二、二三）

「どんな災厄も、**アッラー**のお許しなく起きることはありません。誰でも**アッラー**を信仰する人は、その心を導かれるのです。」（互いに無視する章六四：一一）

信仰は悔悟を伴っている。そしてそれを阻むのは、人の欲望と怒りである。

②安寧の意味

身体の完全さは、その機能が十分発揮されることで示される。精神や心の完全さは、アッラーを知ることで示される。アッラーだけを崇拝すべきで、アッラーだけから助力を求め、アッラーの指示にこそ従うべきである。知識と信仰、そして意思と行為の安寧が、魂の安寧をもたらすのである。

③安寧の醸成

精神の安寧は、知識、確信、悔悟、誠実さ、正直さ、謙遜、努力などが備わってこそ達成される。意識を正しく持ち、熟慮することも求められる。悪行は本人の責任であり、その原因も自らのものである。そのように観念することで、アッラーとは正しく向かい合えるし、その恵みを最大限に受け取ることもできる。

④悔悟と管理

意識して悔悟し、自らの精神を管理し、アッラーに近くいられることを安価な代償で売ってしまわないようにしなければならない。これがアッラーへの道標の第一である。

⑤咎《とが》めることとしきりの精神

自責の念は刻々に変化し、変容しているものである。

自らを責めることは信者の所作であるとする人もいれば、それは悪行を働く輩《やから》もすることだともされる。そのような輩は、悪行を犯してしまったことを咎めるのである。咎めるのは復活の日であり、そこでは善人も悪人もそうするという説もある。

最良の自責の念は、自らがその間違いを咎めることである。しかし自らを責めることをしない場合は、アッラーによって咎められることもある。

⑥悪に傾く精神

「真に、わたしの主が慈悲をかけない限り、人間の心は悪に傾きやすいものです。」（ユースフ章一二：五三）

「もしあなた方が悪魔の歩みに従うなら、かれはみだらな行為と邪悪をあなた方に命じるでしょう。もし**アッラー**の恩恵や慈悲があなた方になかったなら、あなた方は誰も清純になれませんでした。」（御光章二四：二一）

「もし**われら**があなたを強固にしていなければ、あなたはかれらに少々傾いていたでしょう。」（夜の旅章一七：七四）

人の精神と悪行の間にアッラーの介在がなければ、必ずや間違いに陥ることであろう。われわれの心の中の悪と行いの間違いから逃れさせてくれるように、アッラーにお願いするしかない。咎めて、悪に傾き、やがて安寧を得る精神や魂は一つのものである。その間の柱は、誠実さと正直さである。悪に傾く精神は悪魔の入口である。

「悪魔はあなた方に貧困を約束し、卑劣な行ないを命じます。**アッラー**は、**かれ**からの赦しと恵みをあなた方に約束します。**アッラー**は広大にして、すべてをご存知なのです。」（雌牛章

二：二六八）

⑦安寧の精神

もし安寧の精神が一神教であるならば、悪に傾くそれは多神教である。両者には戦闘があるのみである。そして悪に傾く心は、良いことを悪く見せるのである。

「かれ（警告者）は多くの神々を、ひとつの神にしてしまうのか。これは全くの驚きだ。」（サード章三八：五）

⑧世俗からの精神の擁護

精神の尊厳は、不名誉から自らを守ることにその源泉がある。高慢であるということは、自惚れである。アッラーを称賛することは精神を擁護することにもなる。

⑨アッラーの命令の偉力

アッラーに従うということは、自らの精神の名誉をアッラーのために守ることでもある。預言者ムハンマドも顔色が赤くなり、動脈が浮き出るほどに怒りを覚えられたこともあるが、それはアッラーのためという大義名分があった。アッラーの命令が徹底されることの大きな意味を把握しておく必要がある。それがすべての根本であり、それによってその超越性と支配性が確保されるのである。

⑩心の喜びと精神の喜びの違い

アッラーを知り、敬愛することは心の喜びである。

「言いなさい。わたしは、**アッラー**に仕え、何ものも**かれ**と同列に並べてはならないと命じられました。わたしは**かれ**へと（人びとに）呼びかけ、また**かれ**にわたしの帰り所はあるのです。」（雷章一三：三六）

他方、誠実さ、信頼、恐怖、希望、悔悟など、精神による喜びもある。悔悟の後の喜びの大きさを知るならば、罪を犯す喜びより好ましいことが分かるであろう。しかしそれには大変な忍耐を必要とする。そこで性急な人からは、悔悟の喜びも罪を犯す不服従による喜びも離れていってしまうこととなる。

⑪最大の喜び

最大の喜悦は、天使が吉兆を伝えてくれる時である。また頭上で天使が祈りを上げてくれるなど、心楽しい行事も待ち受けている。そして無事に地獄をまたぐ橋を渡って天国に行き着くと、主の尊顔を仰ぎ、主に話しかけられるのである。

⑫競争は信仰の完全性へのものである。

「その封印は麝香《じゃこう》（ミスク）です。これを求め競争する人には、競争させなさい。」（量を減らす者章八三：二六）

他方、嫉妬心は他者に不能力を望むものである。

「（ムハンマドよ）言いなさい。啓典の民（ユダヤ教徒とキリスト教徒）よ、わたしたちとあなた方との間の（次のような）共通の教え（の下）に来なさい。わたしたちは**アッラー**にのみ仕え、何ものをも**かれ**に並置いたしません。」（イムラーン家章三：六四）

預言者伝承では、羨望されてしかるべきは二人しかいないということだ。それによると、一人にはアッラーの啓示を授かった預言者自身、もう一人は、財宝を授かりながらそれを適切に支出する人である、ということだ。

⑬アッラーへの敬愛とアッラーではないものへの愛情の違い

アッラーへの敬愛は信仰の完成である。アッラー以外への愛情は、多神教である。それは偶像への愛情や敬意と同義であるからだ。すべての預言者たちやすべての啓典は、この一点のために遣わせられたのであった。

異性や香料への愛情も、アッラーの敬愛のためであれば認められる。アッラーへの敬愛を増し、その支配を強め、その教えを伝播させるのに役立つならば、ということである。

（七）まとめ

アルジャウズィーヤの以上の諸検討は、本書著者の見るところ、次のようにまとめられるだろう。すべてはアッラーの創造によるものであるが、「魂」は生死を司るものである。そして「魂」は、死者の復活の際にも中心的な役割を果たす。他方「精神」は人の心や理性との関連で作用するが、それは身体から独立した実体ではない。ただし決して物質的ではなく、暑さと寒さ、あるいは愛憎といった真逆のものも、「精神」は自らの中に合せ持つこともできる。

そして最重要な点は、これら目に見えない世界の物事は実在して、実体を伴ったものとして人の生活を左右するものだとの認識を、揺るぎなく持てるかどうかである。以上の詳細な議論が一つ一つ読む人の心に響いて、それが嬉しくも苦しくもさせるような影響を持ちうるかどうかである。このような心境に達していれば、イスラームの信心が了解できたということになる。それを裏から言えば、これらの概念の真に親密な理解を得ようとしても、信心の篩《ふるい》なしではその解題はただの文字の集積と映り、無意味な空念仏の響きでしかないのではないかと恐れられるのである。

信心からすれば綿密に関連付けられている諸点も、信心を離れればそれらは求心力を一気になくすこととなり、ばらばらの片言隻語の羅列ということになるのである。[81]

資料　アルジャウズィーヤ著『霊魂』目次

魂の関係は一―六章、一五―一九章、精神関係は二〇―二二章、残る七―一四章は墓の関係。

一、死者の魂は生きる者の訪問や挨拶を知っているか。
二、死者の魂は、互いに会って、訪問し、覚えているか。
三、生きる者と死者の魂は会うことがあるか。
四、魂も死ぬのか、それとも体だけが死ぬのか。
五、魂は体から抜け出たあと、互いに知り合い遭遇するのに、元の体の形のようであるのか、それともどのような形状なのか。
六、最後の審判の時には、魂は墓の中の死者に戻るのか。
七、墓の苦痛やその狭さを否定する不信論者や無神論者に対する回答はいかん。またそれは地獄の業火かあるいは天国の楽園か、死者はその中で座らないのか。
八、墓の苦痛はどうしてクルアーンに出てこないのか。それを警戒しそれから身を守るため、知る必要は大きいしその信心も非常に必要であるにも拘らず、本当にそうなのか。
九、墓の苦痛の諸原因は何か。
一〇、墓の苦痛を避けるための方策は何か。
一一、墓はムスリムと偽信者と不信者の間で不安定なのか、あるいはムスリムと偽信者に特定されるのか。
一二、それはこの共同体だけのものか、それともそれ以外にもあるのか。
一三、子供も墓の中で試されるのか。
一四、墓の苦痛はいつもあるのか、それとも断続的か。
一五、死亡と復活の日までの間の魂の居場所はどこか。それは天か地上か。天国か。元いた以外の体にいて、そこで苦楽を味わうのか。それとも孤立状態か。
一六、死者の魂は生前の尽力から何かを得るか。
一七、魂は昔からのものか、あるいは新しく創造されたものか。
一八、魂は体より以前に創造されたのか、それともその後からか。
一九、精神とは何か。体の一部か、そしてその部位か、あるいは体に安住するのか、それとも純粋な宝石のようなものか。それは魂なのか。迷い、責め、そして安寧は全て一つの精神に宿るのか。それとも三つの精神なのか。

二〇、精神と魂は同じことか、それとも別物か。

二一、精神は一つか、あるいは三つか。

註

65 以上二ヶ所の引用は、『宗教学辞典』東京大学出版会、第一四刷、一九九〇年。「霊魂」の項目。

66 「ルーフ」と全く同じ綴りではあるが、「ラウフ」という読み方をする場合もある（一二：八七に二か所、五六：八九）。その時の意味は、休息、喜びなどであるので、注意を要する。

67 イブン・カイイム・アルジャウズィーヤ『アルルーフ（魂）』アンマーン、ダール・アルベイト・アルアティーク・アルイスラーミーヤ社、二〇〇六年。なお短縮され粗雑な訳文ではあるが、同書の仏英訳としては、仏訳『魂』ファウズィー・アリー・ムハンマド訳、ベイルート、ダール・アルクトゥブ・アルイルミーヤ社、二〇〇六年。英訳『魂』イスマーイール・アブド・アルサラーマ訳、ベイルート、同社、二〇一〇年。

68 なお前述の『魂』は預言者伝承の引用に誤記が少なくないとして、それを標準の伝承に訂正したものも出された。『正伝魂の書』校訂ムハンマド・バイユーミー、マンスーラ、ダール・アルガッド・アルジャディード社、二〇〇七年。

69 目次全体は本章末尾の資料参照。

70 前出『アルルーフ』四〇―四三頁。

71 二度甦るとは、現世への誕生と来世への復活である。二度死ぬとは、一般には現世への誕生前の死の状態と現世での死を指すとされる。

72 前出『アルルーフ』九八―一二二頁。

73　バルザフは、言葉としてはペルシア語起源とされる。イスラームにおいては、現世と来世の間の壁・障害、もしくは死と復活の中間段階を指すこともある。

74　前出『アルルーフ』四七―六六頁。

75　アルジャウズィーヤは別のところでは、この点について、死はルーフが身体から抜け出て、睡眠はナフスが抜け出るとして、前者を大死、後者を小死として区別している。拙著・訳『イスラームの天国』国書刊行会、二〇一二年。一四頁参照。

76　前出『アルルーフ』二一六―二一七頁。

77　ここは互いに殺しあうことが禁じられていると解される。しかし多くの場合、この節がイスラームにおける自殺禁止の文言とも解されている。

78　本書で既出だが、人の心は三つの態様に分けて説明される。ここの「悪に傾きやすい」（アンマーラ・ビッスーィ）は、人の心の未熟な段階で、次は自責の念に駆られる状態（ラウワーマ）、最後は大願成就で安寧の状態（ムトマインナ）である。

79　前出『アルルーフ』一七八―二一四頁。

80　前出『アルルーフ』二一九―二五一頁。

81　本章は、拙論「ルーフ（魂）について」、『イスラーム信仰とその基礎概念』晃洋書房、二〇一五年、所収、一三六―一五六頁。を改訂した。

第七章　サッバハ（賛美）・ハムド（称賛）関連

イスラームで頻出する、サッバハとハムドという二つの用語を深掘りしてみる必要があるだろう。アラビア語では両者が混同される恐れがないのは、両者は成り立ちも意味合いも全く異なっているからである。しかしそれらの和訳語である賛美と称賛は事情が異なる。そもそも両方とも日常生活で使用されることがあまりないので、両者の厳密な意味を意識する機会が限られている。それに加えて、両方の用語には共通の漢字「賛」も登場する。そこで本章ではまず、アラビア語における原義を確認することから始めて、二つの和訳語の意味を確認することとしたい。

アラビア語でサッバハとハムドを比較することはない。両者は全く異なった事柄を意味しているからである。ところが日本では、賛美と称賛とは使用する漢字も酷似している上に、そもそも両者の意味合いの区別自体簡単ではない。そこでこの混線模様を整理し、ひいては正確な理解を確立しておく必要があるということになる。日本語では日常用語ではないかもしれないが、クルアーンには横溢しているのみならず、アラビア語の日常生活でもイスラームの常套句として、頻繁に使用されるのである。

そこでまずそれぞれの意味内容の確認をして、またそれぞれの用法を確かめた上で、最後に和訳語の比較と検討をすることとしたい。

なおサッバハは動詞であるので、正確には「賛美する」であり、ハムドは名詞であるので「称賛」のままで間違いない。本章のタイトルでは、日本語として「称賛」と容易に対比するために、「賛美」として名詞形のままに留め置いた。

一、サッバハの意味と用法

(一) 辞書的な意味

サッバハという動詞の語根は、S、B及び重子音のHであるが、いわゆる第二型としてサッバハという、第二子音が重複するかたちになっている。第一型はだぶらないで、サバハであり、その意味の範囲としては次のようなものがある。走る、長距離を行く、泳ぐ、流れに逆らう、夢に埋没する、思いつく、よくしゃべる、涙にくれる、清浄であることを告げる、などである。第二型になると、第一型と意味上の関連を保ちつつ、(アッラーを)偉大、栄光、そして無欠であるとすることなどである。無欠ということは、アッラーにふさわしくないすべての諸問題を遠ざけて、欠陥がない、その意味で格別に清浄である、と唱えることである。[82]

(二) クルアーン上の用法

サバハの三語根を持つ単語は、クルアーン中に八九回登場する。その内、サッバハは、単数か複数か、種々の人称、命令形かどうかなどの活用をしつつ、クルアーンでは四二回登場する。主な諸例を見てみよう。[83]

「そこでかれは礼拝室を出て、かれの人びとの所に来ると、朝な夕なに(アッラーを)賛美し

なさいと、かれらに合図しました。」（マルヤム章一九：一一）
「それはわたしたちが、**あなた**を多く賛美し、**あなた**を多く唱念するためです。」（ター・ハー章二〇：三三―三四）
「かれらは、わたしたちの主を賛美します、確かにわたしたちは不正な人でした、と言いました。」（筆章六八：二九）
「諸天にあり地にあるすべてのものは、**アッラー**を賛美します。大権は**かれ**のものであり、称賛（ハムド）もまた**かれ**のものです。**かれ**は万能です。」（互いに無視する章六四：一）
「あなたは見るでしょう、天使たちが八方から玉座を囲んで、主（**アッラー**）を称えて賛美するのを。人びとの間は公正に裁かれ、すべての世界の主、**アッラー**にこそすべての称賛（ハムド）あれと、唱えられるのです。」（集団章三九：七五）

ここで引用した最後の二つでは、すべての「称賛（ハムド）」はアッラーのものであるとして、賛美する作業とは別に、賛美の具体例の一つとして記されていることに、特に注目しておく必要がある。つまり明らかに、アラビア語の原語では、賛美とは別物として称賛が扱われているということである。それだけに日本語使用者としては、改めて、賛美と称賛の違いを明瞭に把握しておく必要があるということにもなるのである。そしてそれがまさしく、この章において取り組んでいる課題なのである。

またサバハの特殊な名詞形である、スブハーンという用語は四一回登場する。つまりサッバハという第二型動詞を合わせれば、サバハ語根のほとんどの使用例は、サッバハか、またはスブハーンかのいずれかであるということになる。このスブハーンは常に対格の形となり、スブハーナと変化させて、その直後にアッラーを唱えたり、その代名詞類を接続させることとなっている。その意味は、（アッラーに）賛美あれ、であるが、これは常に挿入句として意味も用法も限定されているので、称賛（ハムド）との対比の対象にはならない。ただしいくつかの使用例は示しておこう。

「ムーサーが**われら**との約束通り来ると、主はかれに語りかけました。かれ（ムーサー）は言いました。主よ、御姿《おすがた》を現してください。そしてわたしに**あなた**を拝顔させてください。**かれ**は言いました。あなたは決して**わたし**を見ることはできない。だがあの山を見なさい。もしそれがその場所にしっかりあれば、あなたはそこに**わたし**を見るでしょう。（しかし）かれの主はその山に御光を現して、山を粉みじんにしたので、ムーサーは意識を失い倒れました。そして意識が回復すると、かれは言いました。**あなた**に賛美あれ。わたしは**あなた**に帰ります。そして信仰する者の、先駆けであります。」（高壁章七：一四三）

「その中でのかれらの祈りは、**アッラー**よ、**あなた**に賛美あれ。その中でのかれらの挨拶は、平安あれ。」（ユーヌス章一〇：一〇）

「**かれ**の僕（ムハンマド）を、禁忌のあるマスジド（マッカ）から、**われら**が周囲を祝福した至遠のマスジド（エルサレム）に、夜間、旅をさせた方（**アッラー**）に賛美あれ。」（夜の旅章一七：一）

「（ムハンマドよ）言いなさい。わたしの主に賛美あれ、わたしは一人の人間の使徒にすぎないのではないのでしょうか。」（同上一七：九三）

「もしそれら、（天地）の間に**アッラー**以外の神々がいたなら、それらは破滅していたことでしょう。だから、かれらが主張するものの（はるか）上におられ、玉座の主である**アッラー**を賛美しなさい。」（預言者章二一：二二）

なお翻訳上、スブハーナを賛美としないで、栄光としたり（二一：三二）、あるいは同じ節の中でそれが繰り返される場合には、二回目は賛美ではなく、称賛とした事例（一〇：一〇）も散見されるので、留意しておきたい。

（三）まとめ

サバハに多くの語義が出てくるのは、アラビア語一般の特徴である。アラビア語はクルアーンを正しく理解するために、七世紀以来、半島全体に広がる各部族から猛烈な勢いで収集されて、やがて辞書が作成され、文法も編纂されて成立してきたものである。このような背景が、多数の語義の原因であり、同時に例えば刀、あるいはラクダというのに、多数の単語が存在するという状況を作り出したのであった。それらのいずれの語義であれ、また単語であってもアッラーが使用された言語であるので、いわば差別して廃棄したり、看過したりすることは許されなかった。こうしてサバハにも、一見関係しないような複数の意味合いが、その一言に込められる次第となった。

他方、その第二型であるサッバハは、幸いにも比較的限定された意味しか持たされない結果となっている。それほどに多くの部族に共有されていたということである。あるいは逆に、それはほとんど流布していなかったかの、どちらかである。これほど宗教的に高度な内容の言葉であるから、恐らく後者であろう。いずれにしても、この言葉は、偉大であり、最高の無欠状態だと宣告するという意味合いである。言い換えれば、崇拝し、尊崇し、最高度の畏怖を表明するということになる。これらの全てを日本語の訳語としては、「賛美」の一言に込めているという訳である。

そこで「賛美」は距離感を伴うこととなり、アッラーは至高であることを称えるという意味にも解釈されるのが、普通である。クルアーンでは「諸天と地にあるすべてものは、**アッラー**を賛美します。」とある。具体的に登場するのは、山や鳥であり（預言者章二一：七九）、雷である（雷章一三：一三）。そういった空高くにあるものたちも、さらに天上高くおわしますアッラーを賛美するという風情を描写しているのである。サッバハとは、アッラーは無欠であり、完璧に清浄であり、とてつもなく高くおられる、という状態を念頭に置いて、それを素晴らしいと称えること、というのが全体の語義であると言えるのである。これが和訳語の、「賛美」の内容ということになる。

二、ハムドの意味と用法

(一) 辞書的な意味

ハムド（称賛）の一般的な意味内容としては、次のように説明されている。感謝する、満悦する、報奨を与える、権利を全うする、などである。特にそれは、アッラーの恵みに対する感謝であり、その完璧さを称えて美辞麗句を並べることなどとも言われる。

そこでアラビア語話者として最も疑問になるのは、ハムドと感謝（シュクル）の差異であるようだ。そのための説明も特に記されている。主要な違いとしては、前者の反義語は罪だが、後者の反義語は不信仰であるという。確かにアッラーに感謝しないということ自体が、不信仰の代表的な姿であるが、称賛しないことは罪作りであるということになる。またハムドは知って心で行うが、感謝は舌、体、心で行うので、より幅が広いともされる。さらにハムドは口と行うが、感謝の方は知識ではなく自分の考えによって行うこともあり、これも幅の広さになる点が異なるとされる。ちなみに、感謝を定義すると、善の認知であるとされる。[84]

（二）クルアーン上の用法

ハムドもクルアーン中に、動詞形や形容詞形などに変化して、合計六八回に上って登場してくる。しかしその大半である四三回は、名詞形のままのハムドである。それ以外で知られるものとしては、固有名詞としても使用されるムハンマド、アフマド、ハミード、マハムードなどがある。以下には、名詞としてのハムドの諸例を挙げておきたい。

「すべての世界の主である**アッラー**に、すべての称賛を捧げます」（開巻章一：二）

これが振出しになる開巻章の初めの言葉である（アッラーの御名において、という決まり文句である第一節を除く）。つまり、ハムドの言葉は、アラビア語では主語が始めに来るので、実にクルアーン全体の最初の言葉ということになるのである。重要性などといった段階をはるかに超越した位置づけである。それだけにその和訳語も、細心の注意を必要とするということになる。

「諸天と地を創り、暗黒と光明をもたらす**アッラー**に、すべての称賛を捧げます。一方、かれら（マッカの異教徒たち）の主を信じない人たちは、**かれ**に同位を並置します。」（家畜章六：

二）

「だからあなたの主を称賛（の言葉）をもって賛美し、ひれ伏す者となりなさい。」（アル・ヒジュル章一五：九八）

これらの二つの節もそうだが、「称賛（の言葉）をもって賛美し、」とあるのは、明白に賛美の行為と称賛の行為は別であることを示している。称賛でその恵みに対して讃えつつ感謝し、賛美で至高なるアッラーの無欠で清浄極まりないことを褒めたたえるのである。

「かれらの言うことを耐え忍びなさい。そして日の出前と日の入り前に、あなたの主を称賛（の言葉）をもって賛美しなさい。また夜間も、昼の端々にも賛美しなさい。あなたは、（喜悦と報奨で）満たされるでしょう。」（ター・ハー章二〇：一三〇）

賛美は喜悦と報奨で満たされるものであることも、ここで示されている。称賛にはそのような功徳は伴っていないのである。

「（主の）玉座を担う者たち、またそれを取り囲む人たちは、主を称賛して賛美し、かれを信奉し、信じる人のために御赦しを請いながら（言います）。主よ、**あなた**の慈悲と知識は、すべてのものの上にあまねく及びます。改心して**あなた**の道に従う者たちを赦し、かれらを地獄の火の苦痛から御守りください。」（赦すお方章四〇：七）

（三）まとめ

以上でハムドの特質は判明したようだ。それは、ハムドの用法としては、宗教的な文脈で主として使用されているのである。あるいは世俗的な事柄であっても、それにイスラームの陰を落とそうとするような場合である。そして和訳語としては、ほとんど感謝するとしてもおかしくない内容である。アッラーへの感謝をハムドであると規定してもおかしくないくらいである。そこでアラブ人の質問としては、ハムドと感謝（シュクル）の違いは何か、というものが出されてきたのであった。そしてそれに対する回答は、すでに少々付言したとおりである。

三、和訳語の比較と検討

以上の精査からして、賛美はすべての被創造物が創造主であるアッラーに対して、無欠であり格別に清浄で至高なることを素晴らしいと愛でることであることが判明した。またすべての被創造物が、アッラーの多種多様な恵みに対して、有難く感謝し愛でることが、称賛の内容であることも判明した。恵みとは、恩寵であるし、より特定された寵愛かもしれない。

本章の目的は、賛美と称賛という二つの用語で示される、イスラームの信仰上重要な所作に関して、得てして混乱しがちな状況を整理することにある。混乱しがちな原因は、両和訳語が互いに似ていることの他、日本語の生活において両者とも日常生活からは縁遠く、そもそも普通には意識も薄い世界であることがある。他方、アラビア語においては、双方とも全く別の語源であり、異なる所作を示すことはほとんど自明であるので、混線することもないのである。

そこでアラビア語での日常生活において、スブハーナ・アッラー（アッラーに賛美を）や、アルハムドゥ・リッラー（アッラーに称賛を）の決まり文句はしきりに聞くことになる。前者は主の力量を感じさせるような全般的な事象に関して自然と出される表現であるのに対して、後者はより具体的な感謝すべき事象に対して口をついて出てくることになる。さらに前者に類似して全般的な力量を褒めるのには、マー・シャー・アッラー（アッラーの望まれるような素晴らしいことよ）というより日常的な表現もあるし、また後者に関しては、ジャザーカ・アッラー・ハイラン（あなたにアッラーの報奨を）という相手に対して具体的な感謝の意思を表明しつつ、アッラーの恵みを祈願する表現が日常的に聞かれることとなる。

賛美と称賛という二つの和訳語は、本来見るからに別物であるという単語があれば、その方が混線を初めから回避できるという意味で改善かも知れない。しかし当面はこれらを維持しつつ、できるだけアラビア語におけるサバハとハムドの区別を念頭に置いておくことで大きな問題はないかと思われる。それらの和訳語を急に変更する方が、より大きな混乱をもたらすことが懸念されるのである。

それにしても疑問がもたれるのは、それではどうして広く普及する以前、当初より賛美と称賛が全く別物で、区別が自然にされる用語、すなわちアラビア語と同様な関係の和訳語が考案されなかったのかということである。英語では大半のケースで、両者は、praise や glorify という英訳語が当てられていることが想起される。つまり、「至高の無欠さや清浄さを称える」（to praise the highest impunity or purity）や、「天与の恵みに感謝する」（to gratify the divine grace）といったように細かくは英訳されなかった。そこで日本語へ英語資料から翻訳作業をし始めた当初は、賛美と称賛で済ますということになったと想像するのは容易である。「聖クルアーン」が The Holy Quran から編み出されたことと、原語にはない代物が登場するという、同類の結果を招いたということである。

82 https://www.almaany.com/ar/dict/ar-ar, https://www.mosoah.com/people-and-society/religion-and-spirituality 他、多数の検索用データがある。マアナー・サバハ（サバハの意味）と検索項目に入れると、古典も含めて各種辞書の同項目が一気に出てくるので、辞書を引くという手間は、昔日のものとなった。なお既に本書第二章において「聖」概念はイスラームに存在しないことを論じる中で、格別に清浄であるという言葉として、カッダサを取り上げた。無欠である、ということで、アッラーの属性の一つでもある。このように、無欠であり、格別に清浄であるという意味で、同類の言葉として挙げられるのは、タッハラやナッザハなどもある。本来はこれらすべてを検討するのが課題の全貌ではあるが、ここではこれらもあることだけを言及するにとどめる。

83 クルアーン用語の登場回数などは、前出 *Arabic-English Dictionary of Qur`anic Usage*. またアラビア語で使用されるすべての単語の実例を収集したのは、ムハンマド・ファード・アブド・アルバーキー『アルムゥジャム・アルムファハリス・フィー・アルファーズ・アルクルアーン・アルカリーム（クルアーン使用単語百科）』カイロ・ダール・アルハディース社、二〇〇一年。

84 以上の用語の定義や、ハムドと感謝の違いなどについては、それぞれ詳しいデータが検索可能である。https://www.almougem.com/search.php?query　https://mawdoo3.com/

第八章　マスジド（礼拝所）・ハッジ（巡礼）・ジャンナ（天国）関連

イスラームの礼拝所は、従来はモスクの名称で知られてきた。しかしその語源はクルアーンではなく、アラブ支配下にあったイベリア半島のキリスト教徒たちがムスリムを侮蔑するために使用したマーウスキタであった。クルアーンにあるように、マスジドと呼称するのが、最も通りが良さそうだ。マスジドの端緒は預言者の住居であったが、彼地は巡礼、そして天国への行道としても位置付けられる。そこでこれら三者関連の用語を一気にまとめてみよう。それぞれに適切な和訳語の問題に直面することにもなる。

本章で取り上げる三つのテーマは、いずれもマッカ、マディーナと特別の関係があり、そこを舞台に活動が開始され、展開され、継承されてきた経緯のあるものである。著者は一昔前になるが、これらのテーマを扱った三冊の本を刊行したが、それらを称して「マッカ・マディーナ三部作[85]」などと自分で呼んでいたこともあった。ここではそれぞれ固有の用語上の課題を中心に取り上げていきたい。

一、マスジド関連

拙著『イスラーム建築の心――マスジド』の序言において掲げた課題は、三つの誤解を解きたいということであった[86]。

「第一に誤解を解く点は、「モスク」の語源である。……

第二に注意すべき陥穽《かんせい》とは、マスジドを語る場合、得てしてその造形美や技術面にのみ注意が惹かれがちだという点である。……信仰を離れて純粋に美術品や建造物として見ることに、どれほどの価値があるのか、場合によっては冒涜にさえなるのではないかということである。

このような宗教と芸術の交錯について、和辻哲郎は次のように述べた。

『仏教の礼拝儀式や殿堂や装飾芸術は、決して宗教的生活の本質に属するものではない。宗教的生活はこれらの全てを欠いてもかまわない。荒野の中にあって、色彩と音楽とのあらゆる人工的な試みを離れ、ただ絶対者に対する帰依と信頼、そうしてこの絶対者に指導せられる克己、忍辱、慈愛の実行、それだけでも十分なのである。』……『しかし芸術が人の精神を高め、心を浄化する力をもつことは、無視されるべきでない。……かく芸術は、衆上にそのより高き自己を指示する力の故に、衆上救済の方便として用いられる可能性をもっていた。』[87]

「方便」としての芸術は、本質的には宗教とは向かう方向が異なり得るということについて巧みに論点を突いているが、この論点はイスラームのマスジドを見るときにも妥当すると言える。マスジドに付いてのムスリムの見方が看過できない理由もそこにある。装飾やライト・アップが過剰ではないかといった簡素化を求める声も出ている。またドームやミナレットといった伝統的ではあっても、一番経費のかかる造作物を省略して、質素かつ機能的な現代様式を主張する潮流も強い。または、もっとそれぞれの地方固有の様式を尊重すべきであるとする流れもある。そしてこのような傾向や世論は今日のマスジド建設にも当然反映されている。……

第三には、……当初のこの簡素な姿から際限なく世界にマスジド建造の広がる様子は、一瞬の間に無限大に拡張する宇宙のビッグ・バンのような印象を与える。しかし多様性にのみ眼を奪われるとしたら、上記に述べた芸術美や建築技術にのめりこむのと同種の過ちを犯すことになってしまうだろう。信仰心という不動の中核を保ちつつ、他方でそのような広大な過程の流れも事実として踏まえるという視座が必要とされるのだ。それによりマスジドの原型は簡素であっただけに、その後は自由奔放に羽ばたいたことを跡付けると共に、イスラーム信仰の熱気とその発露の証左を垣間見ることにもなるだろう。」

世界のマスジドを展望するに、すべての事始めは西暦六二二年、マッカから避難した直後にマディーナで建てた預言者ムハンマドの住まいであったことは、実に驚嘆に値する。質素な家の隣にあった空き地が、世界初の礼拝所となったのであった。ところがそこは青天井であったが、すでに空き箱程度の説教台、石や立てかけた槍などの礼拝方向（キブラ）を示す目印、砂地ながら礼拝者用のスペースなど、基本要素は揃っていた。それは文字通り、雛形であったと言える。

もちろん後代に至って、その単純な構造に付加されたドームやミナレットや回廊や洗浄池などもあるが、それらは付加物として見られることは変わりなかった。原点希求の心が生き続け、今日に至っている。それは歴史の有為変転を一本の縦糸で通したようなもので、どこまで行っても華美を戒める信仰という精神性の糸は切られていないのである。

マスジドの精神性に関するこれ以上の叙述は冒頭に触れた拙著に譲ることとして、本章で取り上げるのは、以上の序言で第一に挙げたマスジドの代わりに使用されてきた「モスク」の語源に関する考察である。この問題は右拙著公刊後に大きく進展したので、出版物としてはこれが初めてのものとなる。なおこの語源を巡る考察に端を発して、日本ムスリム協会では、二〇一〇年一二月、今後はマスジドと呼ぶこととし、従来のモスクという呼称は廃止するとの決定を行った。この顛末についても、ここで紹介することとしたい。

(一) マスジドの語源を巡る諸説

イスラームの礼拝所は広くモスクの用語で知られてきた。しかしその一番振出しに当たる、本来の語源は長くはっきりしないままに諸説が入り乱れていたのであった。マスジドの出典はクルアーンであることは明確なのだが、他方、その中にはモスクという用語は登場してこないのである。そこでこの「モスク」の語源を巡る議論の順序を追ってみると次のようになる。

モスクの直近の語源は、フランス語のモスケ経由で、それはスペイン語のメスキータから来たということに、洋の東西を問わず異説は見当たらなかった。コルドバにある壮大な教会は、かつてはムスリムのものであったが、それはメスキータ・コルドバと呼ばれていた。そこで問題は、メスキータの語源は何かということであった。ヨーロッパの東洋学者の間ではそれは

「マスジド」であるとされたが、イベリア半島におけるアラビア語のJ音がQ音に転換されて中世スペイン語（ラテン語が崩壊し、現代スペイン語が成立する前のいわゆるロマンス語から中世スペイン語の段階）に入った例は、見当たらないのである。以下の参考欄はその詳論であるが、結論としては、マスジドが転換しメスキータになったとする、上記のヨーロッパの説は説明されないままであった。

参考：『イスラーム百科事典第二版』Encyclopaedia of Islam（Leiden, Brill, vol.6, 1989, p.644）では、「近代西欧の用語であるモスク（英）、モスケ（仏）などは、スペイン語のメスキータを経由して最終的にはアラビア語から来ている。」としてあり、アラビア語とスペイン語の間の関係は右以上には言及されていない。『同事典第一版』（第三巻、一九三六年、三一五頁）では、マスジドの語源はアラム語やナバタイ語を示唆しつつ、エチオピア語の礼拝所であるメスガードも触れている。しかしマスジドとメスキータの関係はそもそも言及がない。

『アラビア語起源のスペイン語・ポルトガル語辞典』R.P.A. Dozy, *Golssaire des Mots Espagnole et Portugais dérivés de l'Arabe*, Amsterdam, 1869, p. 514. には、「メスキータはマスジドから来た」とだけ一行の記載がある。しかしその次の項目には、「メスキーノ」とあり、「その語源はアラビア語のミスキーンである」と出ている。「メスキータはマスジドから来た」と言いつつも、同辞典のQの音で始まるすべての単語（アラビア語の定冠詞アルに続く場合を含む）を精査しても、それがJの音から転訛された例はない。

さらに興味深いのは、『一〇世紀におけるムスリム・スペイン――制度とその社会』E. Levi-Provençal, *L'Espagne Musulmane au Xème Siècle, institutions et vie sociale*, Paris, 1932, p.210には、コルドバのマスジドは、メスキータ・アルジャーマアと呼ばれていたとして、それはアラビア語のアルマスジド・アルジャーミウから来たとしている点である。つまり後のアルジャーミウの方はJ音を残しているのに、前の方の「メスキータ」ではJ音はQ音に転訛したとして、不統一さに気兼ねしないで説明している。なお逆に、J音はそのままJとして残された例は少なくない。多少の事例としてオレンジがナランジャとなる他、イベリア半島に入ったときの司令官で有名なジャバル・アッターリクから現在のジブラルタルの地名が発生したことも周知の通り。外套ジュッバは中世スペイン語にそのまま入った例もあり（因みに一六世紀、キリスト教宣教師たちが来訪して、日本語にもポルトガル語経由で襦袢となって、J音はそのまま入った）。

他方、右の欧州学説と異なり、アラビア語のミスキーン（見すぼらしいの意味）であるとの見解が主としてアラブ人の巷《ちまた》に聞かれた。しかしミスキーンとメスキータの関係は分析されずじまいであった。要するに、両者とも実証的には検討が進まなかった。状況証拠的には、次のような点は指摘できた。つまりメスキータというのはメスキニャールという動詞の分詞形で、メスキニャールの意味は、みすぼらしい、貧しい、という意味である。現在スペイン語では使用されないが、ポルトガル語ではいまだにこの動詞は生きている[88]。

以上の混乱ぶりについて乱麻を断つような勢いで鎮めることとなったのは、次の新しい辞書に掲載された一項目であった。それは、モスクの語源にはムスリムに対する侮蔑の意味があったことを認めた、欧米ではおそらく初めての文献であった。

Federico Corriente,『アラビア語及び関連借用語辞書』*Dictionary of Arabic and Allied Loanwords*, Leiden: Brill, 2008. p.378、mesquita の項目の要点。

「イベリア半島に攻め行ったアラブ人はイエメン出身者が多数であった。彼らはアラビア語発音の際、口ごもる傾向があり、また単語の男性、女性は不確かであった。因みに砂漠のベルベル人も同様であった。そこから、masjid の j が q となり、女性形の語尾を持つ mesqita に変化した（これはカタロニア語、ポルトガル語、カステラ語、ガリシア語共通）。

さらには同半島のアラビア語を話すキリスト教徒（ムサラベ）たちがそれを軽蔑のために ma/usqita と発音したであろうことに疑問の余地はない。後半の -usqita は、落とす（アラビア語の落ちる saqata）から来ているので、落とす物（注：あるいは場所）という意味になる（語頭の ma が mo となるのは、英仏独伊語共通）。」

注目されるのは、当時はスペインといってもローマ帝国崩壊直後の乱れた状態にあり、入ってきたイスラーム文明は非常に先進文明であったことだ。従って征服された人たちは競ってアラビア語を学び、先進文明を取り入れようとした。たとえ宗教はキリスト教のままでも、アラビア語を話す人が多数いて、彼らはムサラベと称された。つまり特別のグループ名が出来るほどに、沢山いたのだ（ムサラベは、ムスタアリブ、アラビア語を求める人の意味）。

なお出版社ブリルは、ドイツにおいてハラソヴィッツ社などと同様に、東洋学で世界的な威信を持つ版元である。また著者のコリエンテ博士（一九四〇―二〇二〇年、コルドバ生まれ）は、長年この道を専門にしてきた学者で、彼のモットーは研究に政治的な判断や、まして人種的宗教的な先入観と偏見を避けるべしと主張する最先端にいる人である。それはスペイン文化にアラブの影響があるなどということは耳にもしたくないという人が少なくない中で、勇気のある発言でもあった。彼の事務所には、保守派から脅しの電話が入ってきたそうだ。

この辞書の素晴らしさは、右参考欄にある先達のドーズィー著『アラビア語起源のスペイン語・ポルトガル語辞典』が出たのは一八六九年であり、それ以来の蓄積を吸収したことの他、コリエンテ博士の圧倒的な中世欧州諸語を巡る博学振り、そして学問は中立的であるべしとする信念が光っていることだ。

以上を再度まとめてみよう。

＊英語のモスクはフランス語の mosquė から直接には由来したが、それの語源は、スペイン語の mesquita である。ここまでは従来も、異論なく認められてきた。問題は、mesquita の語源であり、それは果たしてムスリムに対する侮蔑の言葉ではなかったのか、ということであった。

＊それについて、語源はアラビア語の masjid であること、それがイベリア半島に入ったアラブ人（イエメン人や砂漠のベルベル人など）によって訛って発音され、mesquita となったのをモサラベたちが軽蔑用語として、ma usqita と発音したこともあり、mesquita が広まり、定着して、そこからフランス語の mosquė が出てきて、英語の「モスク」に至った。

(二)「モスク」を止めて、「マスジド」を使用

以下は日本ムスリム協会が「モスク」の使用を廃止して、「マスジド」とする旨の決定を関係者に通知した時のテキストである。一読すると分かるが、クルアーンで使用されているのは

マスジドであるということが根拠となっている。モスクの語源が確定する前の時点であるが、どうもそれは元来侮蔑用語（ミスキーン）であったのではないかという、アラブ人が持っていた印象論は当然考慮に入っていた。

お知らせ

日本ムスリム協会　二〇一二年一二月

従来からメッカをマッカと表記することなど、イスラーム関係用語の整理・統一に努めてきましたが、今後当協会としては、モスクの用語は使用せず、マスジドと呼ぶこととなりましたので、右お知らせします。なおマスジドの日本語訳としては、礼拝所を用いることとなります。

また各組織の固有名称の決定に当り、クルアーン上の表記（マスジド）を用いるか日本語にするか、あるいはその他の名称とするかなどは、従来通りそれぞれの決定を尊重するものです。

【参考】

（1）モスクという用語は欧米語であり、クルアーンに出ているのはマスジドである。モスクの直接の語源はスペイン語のメスキータであるが、メスキータの語源はつまびらかではない。
（2）欧米では、マスジドから来たとする説が多い。しかし、ジの音がスペイン語に入るときはジのままであり、キに変化して入った例は見当たらない。
（3）アラビア語のミスキーンから来たとする説もある。ミスキーンは、貧しい、みすぼらしい、の意味。アラビア語を解する中世のキリスト教徒が用いた可能性がある。

発表後、同協会よりは各関係方面にこの通知以外の攻勢は掛けていないようである。もちろんその後、右趣旨は相当全国的に浸透してきている。

（三）礼拝所の異なる呼称と関連施設

日本には現在、約八〇の礼拝所や礼拝室がある。その名称はそれぞれが自由に決定しているが、当然統一的な思想があるわけではなく、各自個性豊かに命名されている。そのこと自体は世界のマスジドにおいても同様な状況であり、各地の活発さの表現であり、マスジド発展の一因ともなっている。そこでその様々な命名法を通じて、使用されることの多い呼称について、整理して説明するのがここの課題である。合わせていくつかの、マスジド固有の特殊な用語も見ることにしたい。

・マスジド

サジャダ（額を地面につけてする礼拝の姿勢）をする場所という意味であり、礼拝所と訳されている。クルアーンには、二二回出てくる用語である。

・ムサッラー

ムサッラー（礼拝室）もアラビア語の意味としては、サラー（礼拝）するところ、であるから、礼拝場所であることは、マスジドと同様である。但し固有名詞的には、クルアーンにカアバ殿近くにあるイブラーヒームの立処の側で祈りを上げよとあり、その祈りを上げるところがムサッラーと呼ばれている。それ一回出てくるのみである（二：一二五）。

現在では両者の違いは、制度的なものになっている。つまりサウジアラビアなどでの宗教施設登録上、イマームとムアッジン（礼拝への呼び掛け人）の両者が任命されているところはマスジドであり、それが揃っていないところはムサッラーとして登録されるということである。むしろ順序は逆かもしれない。つまりマスジドとするところへは、宗教省からイマームとムアッジンが公式に派遣されてくるシステムである。

こういうはっきりした制度があるからこそ、国内にいくつマスジドがあり、ムサッラーはいくつかという統計数も信用できることとなる。日本にはそのようなシステムもなければ、そもそも定義がないままである。これは遠からず、はっきりすべき日が来るであろう。対外的にもいくつマスジドがあるというのは重要な指数であるし、またその数が増大しているからである。日本式ということで、常任イマームの配備だけでマスジドと認めるというように柔軟に考えてもよいかもしれない。

・ジャーミウ

昔は金曜礼拝の際の説教は重要な政治的な意味もあり、首都などの主な街ではどこでそれを行うかが指定されることが多かった。そこへは統治者のカリフ自身が参加することも想定された。そのようなマスジドはどれであるかの指定も、カリフ自らが行うことも珍しくなかった。そしてそのように指定されたマスジドが、ジャーミウ、つまり集合所と呼ばれることとなった。所によっては、マスジド・ジャーミウという名称のものもあるくらいだ。

今はそのような指定制度はないが、名前としてジャーミウが残っていることは周知であるし、その多くはいまだに大型のマスジドが多い理由も、もう判明したかと思われる。なおジャーミウはクルアーンに出てくる場合は、集合者として人間を指す場合だけであり、場所としての礼拝所の意味では出てこない。

・マスジド関連施設の用語

マスジドには通常、祈りの方向を示すミフラーブ、説教台であるミンバル、礼拝講堂であるムサッラーなどがある。さらには、洗浄池（ミーダーゥ）、中庭（サハン）、ドーム（コッバ）、光塔（マナール、あるいはミイザナ）などがある。しかしこれらは何れもマスジドであるための必要条件ではない。つまりマスジドであることは、施設とは関係ないということになる。

事実、マディーナの預言者ムハンマド当時の礼拝所は家に隣接する、ただの空き地で、礼拝方向（キブラ）は岩石や槍を置いて示すこともあったそうだ。またその頃説教台は三段だけだったので、今でも合計九段の説教台が多い。というのも、六段登り七段目が預言者以来の三段の初めという勘定にして、七段目を天国は七層あるとされるので、その最上階という風に見立てるのである。

またマスジドは礼拝をするところではあっても、神社仏閣のような神聖さを認めることはない。例えばミフラーブは、特にマグレブ地方ではしばしば、ミンバルをしまっておく物置にもなるのである（名古屋モスクもその様式）。もちろん入堂に当たっては静粛さが求められ、また入る時は右足から入り、出る時は左足から出るなどの作法が求められる場所であることは間違いない。それは外的なしぐさというよりは、内的な心の準備の問題でもあろう。

二、ハッジ関連

ハッジは人生一度の義務的な勤行である。今は子供でも何回も巡礼するケースもあるほど、簡単で安全なものとなった。かつては道中に盗賊が出ることもあり、現地でも治安や保健上の諸問題がしばしば取りざたされてきた。今は、数百万の巡礼者全体の動きを監視し、日々絶やさず食料、水、薬などを提供するために、コンピューター制御のシステムも導入されている。

このように改善の方向へ変化してはいるが、他方巡礼中に他界する人は、そのまま天国行きが保証されているほどに、恵みの多い行事であることは変わりない。そこで、ハッジは長距離を歩いたり、灼熱の太陽に照らされたりして都会生活にはないようなマシャッカ（苦難）だが、是非また来たいという何か矛盾するような嬉々としたコメントが返ってくるのが、普通である。[89]

巡礼用語は特有なものが多数あり、それらの和訳語が必要と思われるものは、以下の叙述では太字にしてある。通常ハッジに出発する一週間ほど前には、そのための勉強会（タウイヤ）が開催されて、用語も含めて諸行事に一応習熟する機会が設けられる。それと指導者が同行するので、実際上の問題は多くは見られない。

（一）ハッジの種類

ハッジは、大巡礼と小巡礼に分けられる。義務的なのは大巡礼だが、さらにそれは実施の手順によって三種類ある。巡礼者はどの種類にするか、その時点の諸事情によって決定して、それを完遂する必要がある。入り組んでいるが、以下はその概略説明である。なお小巡礼は、大巡礼の一部を取り出した格好なので、大巡礼の説明の中で言及することとしたい。またイスラーム暦の一日は日没から始まり、次の日没で終わるので、日本とは異なる日数の数え方になるので要注意。

＊堪能（タマットゥウ）方式（小巡礼後一旦解禁してから続いて残りをする大巡礼、この方式にはゆとりがあるので、一番勧められている）

・ヒジュラ暦一二月七日まで（太陽暦の六日の日没まで）にマッカ到着。それに先立ち集結地（ミーカート）において**禁忌順守の状態**（**イフラーム**）に入る。大洗浄、巡礼衣着用、小巡礼の意志表明。続いて帰依の言葉（タルビヤ）（ラッバイカッラーフンマ・ラッバイク、ラッバイカ・ラー・シャリーカ・ラカ・ラッバイク、インナルハムダ・ワンニウマタ・ラカ・ワルムルク、ラー・シャリーカ・ラク）「あなたに仕えます、アッラーよ、あなたに仕えます。あなたに仕えます、あなたに並び立つものは存在しません、あなたに仕えます。称賛と恩寵は、あなたのもの、そして主権も。あなたに並ぶものはありません」。カアバ殿黒石に至るまで、帰依の言葉を唱和し続ける。

・カアバ殿到着後黒石に挨拶し、その地点から**回礼（タワーフ）**開始、到着の回礼であるので、男性はイフラーム中央部分を右脇下、両端は左肩上にする着用法（イドティバーウ）。出来れば、男性は最初の三周を早足。七周後着用法を普通に戻してからイブラーヒームの立処当りで二回（ラクアターニ）の礼拝を上げる。ザムザムの水を飲む。

・サファーとマルワ間の**早駆け（サアイ）**、男性は緑の印の間は早足。三・五往復する。

・断髪。小巡礼のイフラームを解く。

（ここに余裕の時間を見つけて、名所、旧跡巡りなどをする人が多い）

・八日、マッカ内か近郊で**再び禁忌状態**に入るが、大巡礼の意志を心の中で立てて、タルビヤを唱和。ミナーに赴く。ミナー一泊。二回礼拝（ラクラターニ）を定時に五回。

・九日、アラファートへ移動、正午に説教を聞く。その後、一回の呼び掛けだけで、昼と夕方の短縮礼拝（二回のラクラターニ）を合体して続けて行う。午後から日没までアラファートで**留礼（ウクーフ）**。留礼中、クルアーン読誦、祈り、帰依の言葉を続ける。座ってもよいし横になることも出来るし、また読書も可能（従来、ウクーフを誤解して立つことと考えて、立礼と訳されることもあった）。

・同日、日没の礼拝への呼び掛けを聞くだけで、**ムズダリファへ移動**開始。そこで日没と夜の短縮・合体礼拝を行う。野営、宿泊。少なくとも七つの小石を拾っておく。

・一〇日、暁の礼拝後、さらにアルマシュアル・アルハラームで留礼し、ミナーへ移動。アカバの大石投げ場でタルビヤは終了。そしてそこで七つの**石投げ、屠畜、剃髪**（女性は少々）を済ますと、**第一次解禁**。

・それからカアバ殿で七周の**大挙の回礼**（**タワーフ・アルイファーダ**、小巡礼の一部ではないのでイドティバーウ方式のイフラーム着用なし）と**早駆け**（**サアイ**）をすると、これで**全面解禁**。

・一一日は、引き続きミナーで宿泊し、必要ならばさらに小石を集める。**石投げ**場三ヶ所（小、中、大の順）でそれぞれ七個の小石を投げる。

・一二日も同様。ただし望む人は、午後に三ヶ所の石投げを済ませてから、**別離の回礼**（**タワーフ・アルワダーイ**、女性は体調により省略可能）をして帰国する。

・一三日は、**石投げ**と**別離の回礼**の後、帰国の途へ。

＊**連結**（**キラーン**）**方式**（大巡礼と小巡礼を続けて行う方式）

原則は小巡礼を済ませてそのまま大巡礼に移る。今一つはやむなく時間の都合から直接にアラファートの留礼に参加し、その後の大挙の回礼と早駆けを行う方式で、これらは大巡礼であるが小巡礼も兼ね合わせていると見なす場合。いずれの場合も連結方式の意志（ニーヤ）表明が先に行われている必要あり。

＊単独化（イフラード）方式（大巡礼だけして、後日別途小巡礼をする方式）

（二）主要行事の用語

行程が複雑なこと、時間的な制約でやり直しが難しいこと、あるいは現場では渋滞して手順通り行かないことなどのために、巡礼団には通常法規に詳しい指導者が同行するはずである。重要な柱になる儀礼で誤りがあれば、その年の巡礼は無効になる。どれが柱かは、学派により多少異なっている。

＊巡礼の柱

（1）禁忌順守（二枚の布着用や狩、性交などの禁則を巡礼域内で順守すること、イフラーム）

（2）回礼（カアバ殿の周りを七周回る礼拝の行、タワーフ）

（3）早駆け（サファーとマルワの二地点間を三・五往復する行、サアイ）
（4）留礼（巡礼月九日正午から日没にかけての祈りと悔悟の行、ウクーフ）
・シャーフィイー学派は更に次の二つも柱に入れている。
（5）剃髪（蘇生した印としての行でありこれでほぼ禁忌は解かれる、ハルク）
（6）順序（柱が正しい順序に実施されることも柱とする）

＊イスラーム法学と巡礼

柱（ルクン）が欠けると巡礼が成立しない。柱の内容としては、どうしても不可欠な部分（留礼ならばアラファートの丘に参上すること）と、具体的義務（ワージブ）やその逆の禁則（マハズーラート、ハラーム）に分けて定められる部分とがある。

各義務が順守できない時は追加の礼拝、断食や家畜の提供などにより代償が認められる。義務と禁則の両者の中間に、推奨される事柄（マンドゥーブ、ムスタハッブ）、許可（ムバーフ）、嫌悪（マクルーフ）の範疇がある。以上で法学的には五つに分かれる。

巡礼の柱に付いて大半一致しているが、関連する他の多くの諸点については、各カテゴリーへの分類の仕方や、そもそもどのような項目を選択するかで、イスラーム四法学派間に異説がある。ただいずれをとっても正統な見解であるとして歴史的に相互に認知されてきた。自分のグループが則る学派の説に従って、そしてより具体的には巡礼団の指導者（ムシュリフ）に従いつつ行動を判断し決定している。

因みに、巡礼の柱の確立過程としては、回礼（タワーフ）と留礼（ウクーフ）は四法学派全員が支持、禁忌状態（イフラーム）と早駆け（サアイ）はマーリキー学派とハンバリー学派が追加し、そして最後の剃髪（ハルク）はシャーフィイー学派が追加し、最終的には全体について全員が互いの立場や考え方を認め合っているもの。

三、ジャンナ関連

信仰は見えない世界の存在を信じ、死後の来世を信じるが、そうすることは詰めて言えば、人の魂の存在を信じることである。それは無神論でなければ、唯物主義でもない。来世には天国（ジャンナ）と地獄（ジハンナム）とがあるが、現世からこの両世界へは橋（スィラート）が渡されていて、信者はそれを渡りきるが、不信仰者はそこから奈落の果てに落ちてゆく。

天国の何が良いのだろうか。そこには永久の安寧があるとされ、その安寧は格別のものであり、至福（トゥーバー）と称されている。それは幸福の窮まったものであり、名誉や金銭といった現世の幸せの儚さと対比される。人は至福を目指し、そのために精進するのである。尽力したいという自然な気持ちは誰にでも与えられる天性である。被造物、天性、尽力、天国入りといった諸事象が連動している。

以上の表出は極めて単純と言えば、言える。しかし短い生涯で、それ以上に何の複雑化を求める必要もないというのが、イスラームの発想である。それだけに、天国の描写はクルアーンにもあるが、それを越えて様々に議論され、説明されてきた。天国の様子を語るには、そのために使用される用語をしっかり把握するのが、一番手短であり、確実であろう。[90]

なおイスラームの天国を語る上で、二点留意しなければならないことがある。一点は、一旦は地獄に落ちても改心する人は事後に天国行きが許されることもあるということである。これを聞くとホッとして、すっかり気の緩む人がいるのは不思議ではないかもしれない。しかしそれは非常に例外的で、天国へ行くと言っても最下層の天国であり、そこでは「地獄上がり（ジハンナミーー）」と呼ばれるとされる。しかもそもそも天国行きの率は、千人に一人と預言者伝承に言われているほど少ないことは、忘れられない。[91]

二点目は、天国の描写に使用される用語はすべて現世の言葉であるので、「〜のような」という例示、もしくは比喩的な表現でしかないということである。天国語があれば別だが、それを知る人間は現世にはいないから、仕方ない話である。天国では歓迎してくれる天使、それから信者同士も互いに、「あなたに平安あれ」と言って挨拶するとクルアーンにも出てくる。そのような趣旨の、あるいはそのような風情の挨拶である、と理解すべきだということになる。

（一）天国の呼称

天国を指す用語としては、クルアーンには多数出てくる。以下の一覧を活用してクルアーンの関係個所を拾い読みするのも、自分で直接に天国のイメージ作りをするのに役立つだろう。多くは他の意味合いの言葉による比喩表現であるが、天国自体を意味するのは「フィルダウス」である。その語源はエチオピア語、シリア語、ナバト語、もしくはペルシア語か、あるいは恐らくギリシア語であろうとされる。それはクルアーンには、二回出て来るだけである。[92]

他方、地獄を指す用語は七種類しかなく、ジハンナムを除いて大半は、「業火」を使った比喩表現である（ジャヒーム、ナール、サイール、サカルなど）。また地獄自体を意味する「ジハンナム」の語源はヘブライ語（あるいはペルシア語）で、クルアーンには七七回出てくる。

＊楽園（ジャンナ）

雌牛章二：三五，八二、一一一、二一四、二二一、二六五、二六六　イムラーン家章三：一三三、一四三、一八五　女性章四：一二四　食卓章五：七二　高壁章七：一九、二二、二七、四〇、四二、四三、四四、四六、四九、五〇　悔悟章九：一一一　ユーヌス章一〇：二六　フード章一一：二三、一〇八　雷章一三：三五　蜜蜂章一六：三二　夜の旅章

一七：九一　マルヤム章一九：六〇、六三　ター・ハー章二〇：一一七、一二一　識別章二五：八、一五、二四　詩人たち章二六：八五、九〇　蜘蛛章二九：五八　ヤー・スィーン章三六：二六、五五　集団章三九：七三、七四　赦すお方章四〇：四〇　解説された章四一：三〇　協議章四二：七　金の装飾章四三：七〇、七二　砂丘章四六：一四、一六　ムハンマド章四七：六、一五　カーフ章五〇：三一　星章五三：一五　出来事章五六：八九　鉄章五七：二一　集結章五九：二〇　禁止章六六：一一　筆章六八：一七　不可避な時章六九：二二　人間章七六：一二　引き抜く者章七九：四一　巻き上げる章八一：一三　覆いかぶさるもの章八八：一〇

＊平安の館（ダール・アルサラーム）
家畜章六：一二七　ユーヌス章一〇：二五

＊永劫の館（ダール・アルフルド）
アル・ヒジュル章一五：四八　解説された章四一：三八

＊永住の館（ダール・アルムカーマ）

創造者章三五：三五

*逃れの楽園（ジャンナ・アルマアワー）
星章五三：一五　引き抜く者章七九：四一

*永劫の楽園（ジャンナート・アドン）
マルヤム章一九：六一　創造者章三五：三三

*生気の館（ダール・アルハヤワーン）
蜘蛛章二九：六四

*フィルダウス
信者たち章二三：一〇、一一　洞窟章一八：一〇七

*至福の庭（ジャンナート・アルナイーム）
ルクマーン章三一：八

＊安泰な場所（アルマカーム・アルアミーン）
煙霧章四四：五一

＊真理の居所（マクアド・アルスィドク）
月章五四：五四，五五

＊優れた足場（カダム・アルスィドク）
ユーヌス章一〇：二

（二）天国の人、天使、悪魔
＊預言者（頻出するので『クルアーン——やさしい和訳』索引欄を参照）
アーダム、イブラーヒーム、イーサー、ムーサー、ムハンマド他、合計二五名。

＊天国の女性
ウルブ（穢れていない女性）出来事章五六：三七

カワーイブ（胸の膨れた女性）知らせ章七八：三三」
ハイラート（素晴らしい女性）慈悲あまねきお方章五五：七〇
フール・イーン（黒目の大きい美人）煙霧章四四：五四　山章五二：二〇　鉄章五六：二
二
フール・マクスーラート（天幕に留められた女性）慈悲あまねきお方章五五：七二
モフサナート（貞淑な女性）女性章四：二四，二五、食卓章五：五　光章二四：四、二三

＊天使
ジブリール　雌牛章二：九七，九八　禁止章六六：四　巻き上げる章八一：一九，二一
ミーカール　雌牛章二：九八

＊悪魔（頻出するので『クルアーン―やさしい和訳』索引欄を参照）
イブリース（最悪の悪魔）、シャイターン（悪魔）、ジン（天邪鬼）

㈢　天国の事物
アブカリー（絨毯）慈悲あまねきお方章五五：七六

アリーカ（高椅子）人間章七六：一三
イスタブラク（錦）洞窟章一八：三一　煙霧章四四：五三　慈悲あまねきお方章五五：五四
イッリッユーン（記録簿）量を減らす者章八三：一八―二一
カーフール（樟脳）人間章七六：五
カウサル（川）豊潤章一〇八：一
ザラービーユ（敷物）覆いかぶさるもの章八八：一六
サルサビール（泉）人間章七六：一八
ザンジャビール（生姜）人間章七六：一七
スィドラ（木）星章五三：一四，一六
スルル（寝床）覆いかぶさるもの章八八：一三
スンドゥス（絹）洞窟章一八：三一　煙霧章四四：五三　人間章七六：二一
タスニーム（泉）量を減らす者章八三：二七
ナマーリク（小布団）覆いかぶさるもの章八八：一六
フルシュ（寝床）慈悲あまねきお方章五五：五四　出来事章五六：三四
ラフラフ（褥）慈悲あまねきお方章五五：七六

他にも、天国の花としてサフラン（ザアファラーン）、門の名前（ライヤーン）、門番の名前（リドワーン）なども知られるが、クルアーンにはなく、預言者伝承によるもの。逆に地獄の門番は、マーリクという名の天使で、クルアーンに出て来る（金の装飾章四三：七七）。

85 この三部作とは、本章で引用している「イスラーム信仰叢書全一〇巻」のうち、第一巻、第二巻、第五巻の三冊である。

86 拙著『イスラーム建築の心――マスジド』国書刊行会、イスラーム信仰叢書第五巻、二〇一〇年。

87 和辻哲郎『古寺巡礼』、岩波書店、第四八刷改定、一九七八年。第一〇、一一頁。

88 多少の考察は、拙論「イベリア半島におけるアラブ語」日本ポルトガル・ブラジル学会、一九九七年。八一一七頁所収。

89 拙著『イスラーム巡礼のすべて』国書刊行会、イスラーム信仰叢書第一巻、二〇一〇年。

90 前出『イスラームの天国』国書刊行会、イスラーム信仰叢書第二巻、二〇一〇年。

91 前出『サヒーフ　ムスリム』第一巻、一八四頁。

92 一覧にあるように、天国の呼称は一二種類ある。同一物に多くの名称を与えて、語感の違いを楽しむような感覚があったのであろう。例えば、マッカについては六三種類ある。前出『イスラームの原点――カアバ聖殿』二二七―二三一頁参照。

おわりに

イスラームを表現するアラビア語を巡っては、その生誕の地であるアラビア半島における古来の言語に関する研究自体が先行されて然るべきである。思いを馳せれば、当時の同地にはユダヤ人の影響が大きく、キリスト教は半島の北からのみならず、イエメンやエチオピアなどの南方からも押し寄せていた。遠くペルシアの拝火教も知られ、あるいはアナトリアの東ローマの社会制度的な影響も無視できないほどに徐々に浸透してきて、ローマの商船はジェッダの港町にも錨を降ろしていた。このような状況を言い換えれば、古代のアラビア半島は諸言語と諸文明の坩堝《るつぼ》であったということになるのだろう。

その中でアラブ人各部族の言語状況、特にマッカの地一帯の状態をつぶさに知らなければ、イスラームを本当に知ることにはならないのである。今はマッカと呼んでいる土地は、クルアーンではバッカと称されていることも、実にその一好例である。しかし残された資料も少なく、そのような古代の言語状況は、世界的に見ても、そしてまして遠隔地である日本では、明らかにされていることは少ない。[93]

そのような大きなハンディを負いつつも、クルアーンや預言者伝承であるハディースの研究は進められ、各国語に翻訳されざるをえず、誰しも大きな不安感を伴いつつ翻訳作業を進めてきているのが実情である。それは暗中模索の姿であり、どこまでいっても過ちは人間の常でもあり、あの方のご寛恕を祈念しつつの仕事になる。そうしてでも進めようとするのは、一重にその教えは広く伝えられなければならないという信念があるからこそである。

本著者もその例外ではない。はっきりと判明しないことの方が多い中、何とか汲み出せる意味は抽出して、広く人々の目に触れるようにすべきだとの使命感も否定できない。このような状況は、心の大きな葛藤を伴うものである。そこで後代の批判や反論は想定しつつも今すべきはしておこうということで、あくまで試論から出ない面も少なくないが、蛮勇を振るって本著作を世に出すこととした。読者方々には、以上のような出版に当たっての忸怩《じくじ》たる気持ちを汲んでいただければ幸いである。

なお著者は従来より、大小さまざまに四〇冊以上の出版物を、イスラームを巡って公刊してきたが、その中ですでに本書で扱う用語の検討は相当進めてきていた。それは個別の諸問題との関係で必要に迫られて行った検討であった。そこで本書では既出の論考を増補改訂しつつ、新たなものも加えて、ようやく従前の各論のアプローチを過ぎて、ここに広い視野から一書にまとめることができた。

思うに壮大な翻訳事業として世界に知られるのは、中国唐朝における玄奘三蔵による仏典のインドからの招来とそれに次ぐ国家事業としての漢語訳作成事業であろう。漢字で一千万字以上を訳したとされるが、クルアーンのアラビ語文字数は約三十二万字である。また玄奘は訳語が漢語に見当たらない場合は、サンスクリット語音に漢字を当てる工夫も頻繁にした。このような巨人の先達に遥か及ばないとしても、一歩は一歩である。そして次の一歩は、本書を踏み台にしてもらえれば、それ以上の報いはないのである。

なお国書刊行会の佐藤今朝夫社長には、いつも変わらぬご親切とご厚情に謝意を表したい。著者の多くの作品を出していただき、また特に今回は全く地味な内容のものとなったが、種々ご支援いただいたことを特記しておきたい。

水谷周

93　註

アラビア語とその辞書や文法の発達については、拙著『アラビア語の歴史』国書刊行会、二〇一〇年。そろそろ入門的ではあっても概論が必要な時代と考えての出版であったが、未だにこの種の概説は他に出されていない。

参考文献について

昔日のように、多くの書籍を卓上に並べる苦労は解消された。クルアーンとその注釈書、預言者伝承集とその注釈書、アラビア語単語などは、間違いなくネット検索できるからである。例えばクルアーンの各章、各節毎の説明は、主要な解釈書の出典も明らかにしつつ検索できる。預言者伝承の片言隻語は、その所在を確かめるだけで幾日もかかることもあったが、今は数分の作業である。それも見落としがないので、精度は問題にならない。在日のアラブ人研究者たちも、目を見開いて驚きつつも歓喜の声をあげている。

アラビア語辞書も同様である。古典的辞書から現代の辞書も含めて、一つの単語の意味の一覧がすぐに飛び出してくる。検索方法は、例えばクルアーンの一節であれば、「……のクルアーンの意味如何？ ma ma`na -- min al- Qur`an?」とアラビア語で打ち込めば済むのである。

次にアラビア語の主要書籍は、Al-Maktaba al-Tawfiqiyya とアラビア語で検索すれば、書籍欄があるのでそこに書き入れると、大半の著名なものはＰＤＦで即座に、かつ無料で手中のものになる。もし購入したい場合は、アラビア語のアマゾンのようなものだが、Al-Nahr wa al-Nilとアラビア語で検索すれば、アラビア語の本屋に足を運んだと同じ格好だ。アマゾン方式なのでＤＨＬで発注すれば、在庫がレバノンの時は一週間もかからずに到着することが多い。エジプト発は遅いし、間違いも覚悟の上である。

なお本書の各章の関連書については、それぞれの註を参照願いたい。日本国内の図書探索も、「日本の古本屋」で検索すれば、国内東西南北の古書店に目が行き届く格好だ。これは利用している人も少なくないはずだが、念のために言及しておく。

以上で、日本語図書とアラビア語他の図書の探索と入手方法を網羅できたはずである。しかしクルアーンの注釈書にしても様々な流派の別を知らなければならないし、またそれを使いこなすほどに、自らの関心と力量を高めることも前提である。場合によってはアラビア語の解説を読解するのは、元のテキストを読むのより手こずるかもしれない。ここでもやはり、一歩一歩を強調させていただきたい。

本書の刊行に当たっては、一般社団法人日本宗教信仰復興会議からの出版助成を得ました。

水谷　周（みずたに　まこと）
京都大学文学部卒、博士号取得（イスラーム思想史、ユタ大学）、（社）日本宗教信仰復興会議代表理事、日本ムスリム協会理事、現代イスラーム研究センター理事、日本アラビア語教育学会理事、国際宗教研究所顧問など。日本における宗教的覚醒とイスラームの深みと広さの啓発に努める。『イスラーム信仰叢書』全10巻、総編集・著作、国書刊行会、2010～12年、『イスラーム信仰概論』明石書店、2016年、『イスラームの善と悪』平凡社新書、2012年、『イスラーム信仰とその基礎概念』晃洋書房、2015年、『イスラームの精神生活』日本サウディアラビア協会、2013年、『イスラーム信仰とアッラー』知泉書館、2010年、『クルアーン―やさしい和訳』監訳著、訳補完杉本恭一郎、国書刊行会、2019年、『黄金期イスラームの徒然草』国書刊行会、2019年、『現代イスラームの徒然草』国書刊行会、2020年など。

イスラーム用語《ようご》の新研究《しんけんきゅう》
ISBN978-4-336-07227-6

令和3年7月5日　　初版第一刷刊行

著　者　水谷　周
発行者　佐藤今朝夫

発行所　株式会社　国書刊行会
〒174-0056　東京都板橋区志村1-13-15
電話 03-5970-7421　FAX 03-5970-7427
e-mail: info@kokusho.co.jp　URL: https://www.kokusho.co.jp

落丁本・乱丁本はお取替え致します。　印刷 ㈱エーヴィスシステムズ　製本 ㈱ブックアート